CLÔ OROZCO

COSACNAIFY

coleção MODA BRASILEIRA

CLÔ OROZCO

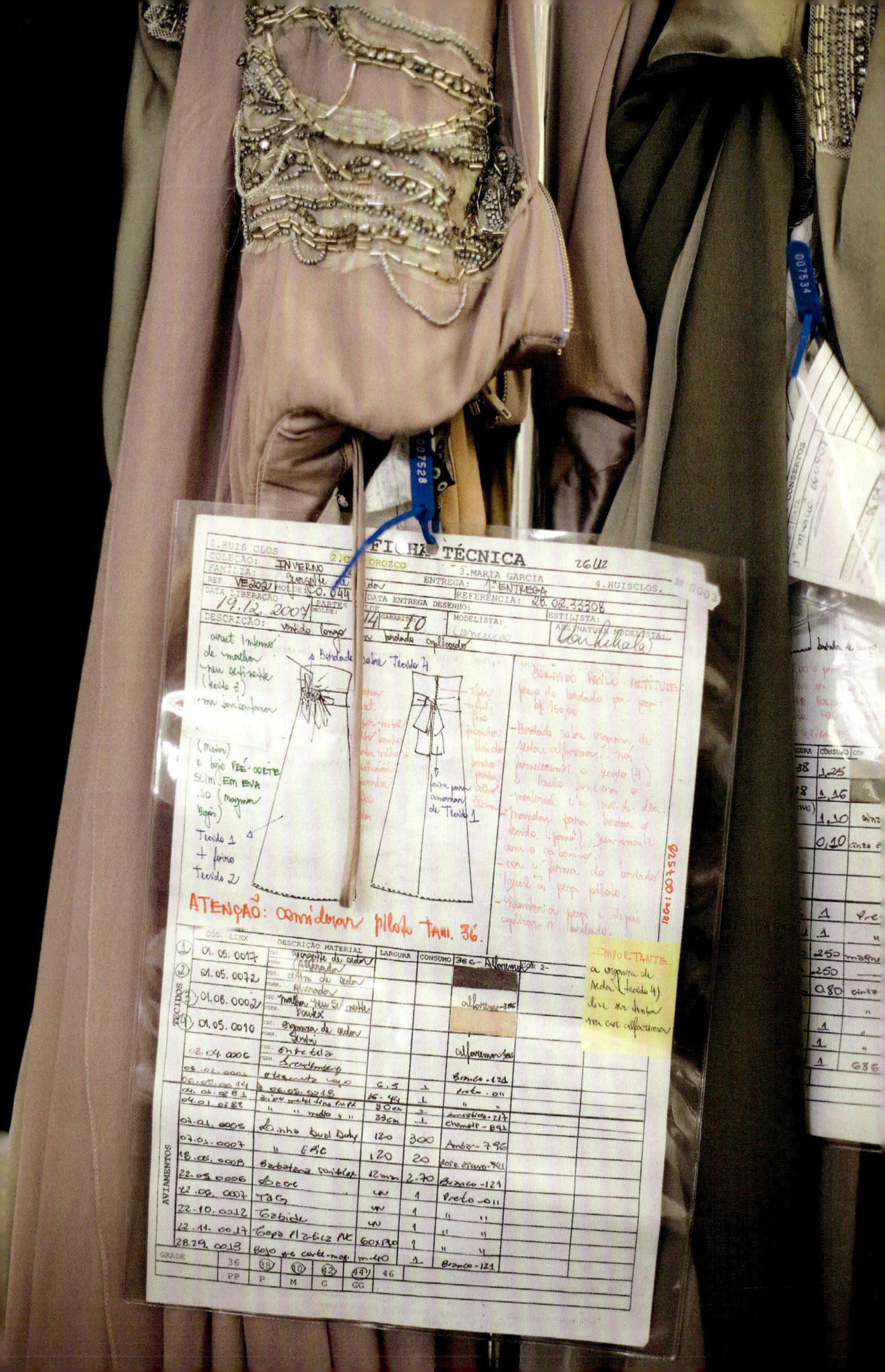
FICHA TÉCNICA
3.MARIA GARCIA
4.HUISCLOS
INVERNO
1ª ENTREGA
19.12.2007
ATENÇÃO: considerar piloto TAM. 36.
IMPORTANTE
TECIDOS
AVIAMENTOS
GRADE
36 38 40 42 44 46
PP P M G GG

Clô Orozco conduziu suas criações pela história da moda brasileira e formou uma indústria, uma estética, um estilo de vida. Faço parte de uma geração que aprendeu com a Huis Clos o que faz de uma roupa sinônimo de elegância. A harmonia mesmo em formas assimétricas, a sensualidade ligada à intimidade, o apuro das proporções, atributos de requinte e sabedoria estética.

Suas coleções nos ensinaram o que eram as silhuetas marcantes de Christian Dior, dos anos 1950. São cortes que seguem o formato das letras A, Y e H: A refere-se ao evasê; Y ressalta os ombros e mantém o corpo reto, H tem a cintura marcada, própria dos vestidos mais conhecidos da década usados por atrizes como Audrey Hepburn. Visualmente as silhuetas definem uma imagem de corpo, que, renovadas pelas interferências nas construções de Clô, resultam na constante elegância modernista da marca. O clássico *tailleur* e seus derivativos de comprimentos, estruturas e proporções, devidamente transformados para a mulher economicamente ativa do século XXI; as golas ombro a ombro, retas, rasgando o corpo mas deixando entrever suas suaves curvas, e os evasês armados parecem feitos de cimento, tal a perfeição das linhas retas como na arquitetura de Niemeyer de formas fortes e altivas.

O processo de elaboração de uma roupa fez parte de muitos lares brasileiros. Nos anos 1970 a máquina de costura era considerada um bem de consumo durável, e grande parte das mulheres costurava para a família seguindo moldes de revistas especializadas. Com o crescimento do mercado de vestuário, a indústria não teve problemas para abastecer-se de mão-de-obra qualificada para os serviços de costura. Já para a modelagem, ainda hoje, quase não há especialistas. Nem mesmo para a modelagem plana, o que dirá para a *moulage*... A modelagem de uma roupa no corpo de uma pessoa destinava-se a trajes de festa e foi explorada no século XX pela alta-costura e pela estilista francesa e mestra dos drapeados, Madeleine Vionnet. No Brasil, Clô Orozco foi a grande aventureira a adotar e divulgar essa técnica em trajes casuais. Desde 1980 quase metade de suas coleções é feita pela elaboração tridimensional de um corte de tecido num manequim até transformar-se numa roupa. Na *moulage*, não se parte de um desenho, é um processo experimental. Os recortes dão lugar aos volumes, a tesoura é substituída por pences, pregas, amarrações em panos retorcidos, revoltos e quase vivos, sim, vivos, sem bula, caóticos. E, depois de pronta, aquela escultura de pano tem de ser planificada: a criação desmancha-se e transforma-se em um molde convencional, passível de ser reproduzido em série. Esse é um dos fundamentos das complexas construções que surgem em suas coleções. Assim como os já tradicionais laços de curvas generosas e volumes acentuados que nascem com a estrutura da peça, quando parecem ter sido adicionados posteriormente.

Até o final da década de 1980, quando o país finalmente abriu o mercado para os produtos estrangeiros, havia uma grande escassez de tecidos. A maciez da seda, o brilho do cetim e a estrutura do tafetá representavam a beleza e a sofisticação para os trajes mais elaborados. Como criar peças refinadas e alcançar o exato caimento com uma oferta tão pequena? Então, desde 1990, Clô Orozco iniciou suas viagens às feiras internacionais e trouxe para seu *ready-to-wear* uma grande diversidade de tecidos com tramas de fios distintos, padrões assimétricos, *devorées* de desenhos delicados, pesos e texturas variados. Eram os novos tecidos nobres que passaram a fazer parte do mercado brasileiro. Malhas de linhos, cetins de lã, gazes de seda e o tecnológico algodão com fios de inox, empapelados e plastificados. Tecidos que estabeleceram um novo padrão de excelência no vestuário brasileiro e elevaram as peças da Huis Clos a um caráter luxuoso.

Esse processo de elaboração de uma excelência na moda vai além da roupa. Está na hora do desfile, na campanha impressa, na construção da loja, e na comunicação visual dos produtos, desde o primeiro catálogo da marca, e dos primeiros desfiles. Estação após estação, tanto o material gráfico da Huis Clos quanto os desfiles são esperados pelos amantes da moda. E que efeito surtem essas imagens! A cartela de cores, sempre esmaecida, sabiamente cadenciada, estabelece um ponto de vista absoluto sobre as peças, cujo ritmo cromático não nos abandona, e o olho, assim estático, diz que não haverá lapso. É estabelecido um encontro visual claro e inteligente, em que os detalhes podem sempre sobressair por meio das cores que os conduzem. Em poucos desfiles é possível sentir de fato as minúcias das roupas, seus acabamentos e benfeitorias, pois acabamentos costumam relacionar-se a algo escondido, disfarçado, o que não condiz com o trabalho de Clô, que faz das particularidades da roupa sua grandeza.

Marrocos e África, os fotógrafos Sarah Moon e Horst Paul Horst, os estilos *surf-noir* e minimalismo foram temas explorados em suas coleções. Formada em sociologia e política, Clô Orozco trata assuntos corriqueiros da moda de forma sábia. Mesmo o militarismo, tão distante do universo feminino, foi transformado em delicadeza em sua coleção inverno 2007. Ao evocar a personagem Rosie the Riveter, a estilista mesclou em seu *casting* jovens modelos a mulheres adultas, criando uma das imagens mais libertárias do evento, que exibiam a realidade da roupa num evento de moda. Um *look*, uma entrada calma, andamento leve, sem curvas, sem gestos, sem olhares definidos. Maquiagem simples, corretiva, cabelos presos, boina, luvas. Nada passa despercebido, nenhum acabamento falta. A coreografia, em forma de oito, ocupa toda a sala, com três ou quatro modelos ao mesmo tempo, como um esquadrão de mulheres reais.

Enquanto a maioria opta por passarelas retas, o vai-e-vem constante e repetitivo de modelos, Clô prefere elaborar sua narrativa própria a cada show. A distribuição das modelos estabelece uma conformação que ora cria desenhos, escalas e profundidades, ora ressalta duplicidades de roupas, continuidade de peças, seguimento de idéias. O tema escolhido e trabalhado por toda a equipe só se esgotará ao final da estação. Das peças à programação visual das lojas, passando pelas campanhas fotográficas e pelo desfile, tudo possui o estilo da marca e o tempero da coleção.

No último processo dessa vasta cadeia, a aquisição e o uso da roupa. Na visita à loja, as tais "quatro paredes", elaboradas por arquitetos renomados como Arthur de Mattos Casas e Felippe Crescenti, proporcionam calma e conforto, fazendo da escolha da roupa um ato consciente e não-duvidoso. A elegância, o bom gosto e a liberdade são para poucos. Raros os realmente capazes de enxergar beleza nas minúcias, de dizer não ao padronizado e ser senhores das próprias escolhas. E são ainda menos numerosos os que conseguem após décadas ser e parecer jovens sem abandonar o próprio estilo e a elegância. A Huis Clos consegue.

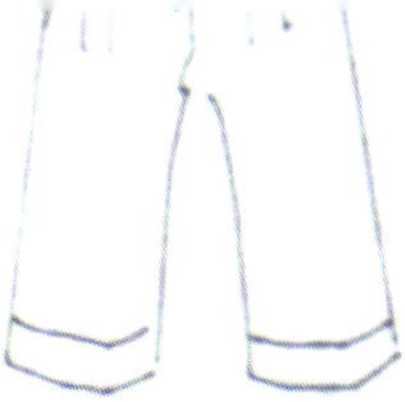

ista: Ref.:
ndmade CL 126

Modelista: Ref.:
Handmade BR 0

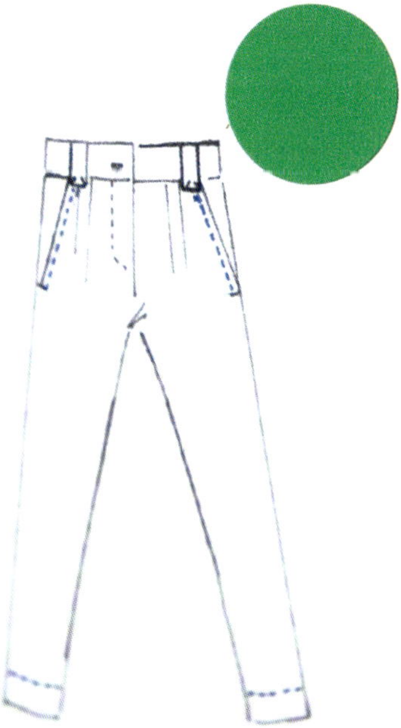

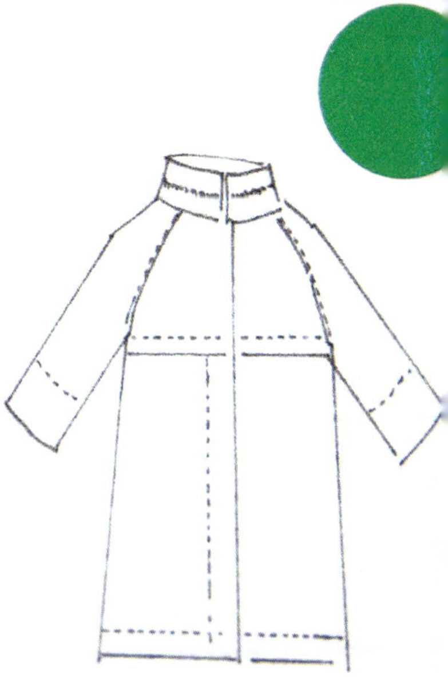

PANTONE® 16-0613 TP
PANTONE® 17-1505 TP
PANTONE® 17-4402 TP
PANTONE® 16-1407 TP
PANTONE® 19-1012 TP
PANTONE® 19-2820 TP
PANTONE® 18-1230 TP
PANTONE® 12-0626 TP
PANTONE® 17-0618 TP
PANTONE® 18-1405 TP
PANTONE® 19-3905 TP
PANTONE® 19-1621 TP
PANTONE® 16-0532 TP
PANTONE® 15-0646 TP
eucalipto
alfazema
calcário
cerâmica
PANTONE® 16-0613 TP
PANTONE® 16-1407 TP
tabaco
marrom
dália
canela
lima
musgo
uva
asfalto
marinho
castor
PANTONE® 19-0814 TP
PANTONE® 19-2820 TP
PANTONE® 18-1230 TP
PANTONE® 12-0626 TP
PANTONE® 17-0618 TP
PANTONE® 18-1405 TP
PANTONE® 19-1314 TP
chocolate
ameixa
PANTONE® 19-1012 TP
PANTONE® 18-0615 TP
PANTONE® 19-1621 TP
PANTONE® 15-0646 TP
16-0732
2-1170

Modelista: Conceição	Ref.: VS 111	ok
Modelista: Conceição	Ref.: CL 123	ok
Modelista: Conceição	Ref.: VS 118	ok
Modelista:	Ref.:	

FAMÍLIA lã listrada (B)

MATÉRIA-PRIMA: art. 3290229

FORNECEDOR: paramount

COMPOSIÇÃO: 100%lã

AMOSTRAS COR

REF. TECIDO: 01.01.0298

LARGURA: 1,50

QUANTIDADE: 420 mts

CORES: cinza

Modelista: Conceição Ref.: CL 124

Modelista: Ref.:

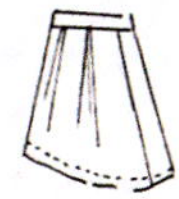

Modelista: Ref.:

Modelista: Ref.:

Huis Cl

entrega (grupo B)

FAMÍLIA lã risca (B)

MATÉRIA-PRIMA: village

FORNECEDOR: art. 13080

COMPOSIÇÃO: 100%lã

AMOSTRAS COR

REF. TECIDO: 01.01.0180

LARGURA:

QUANTIDADE:

CORES: bege

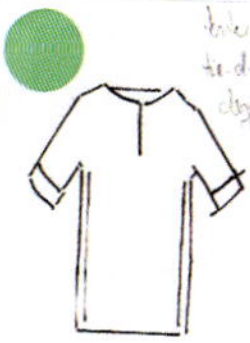

[illegible] tecido algodão

Modelista: Conceição Ref.:

Modelista: Ref.:

Modelista: Ref.:

Modelista: Ref.:

Huis Clo

FAMÍLIA (B) [illegible] algodão

MATÉRIA-PRIMA: [illegible]

FORNECEDOR: [illegible]

COMPOSIÇÃO:

AMOSTRAS COR

REF. TECIDO: [illegible]

LARGURA:

QUANTIDADE:

CORES: [illegible]

Modelista: Ref.:

ok

Modelista: Silvia Ref.: VS109

Modelista: Ref.:

Modelista: Ref.:

FAMÍLIA (B) [illegible] algodão [illegible]

MATÉRIA-PRIMA: GY 33903

FORNECEDOR: International

COMPOSIÇÃO:

AMOSTRAS COR

REF. TECIDO:

LARGURA:

QUANTIDADE:

CORES: [illegible]

Modelista: Ref.:

ok

Modelista: Ref.:

Modelista: Ref.:

Modelista: Ref.:

AINDA da 1ª ENTREGA:
2ª ENTREGA
PRONTO P/ PROVA
PRONTO P/ PROVA

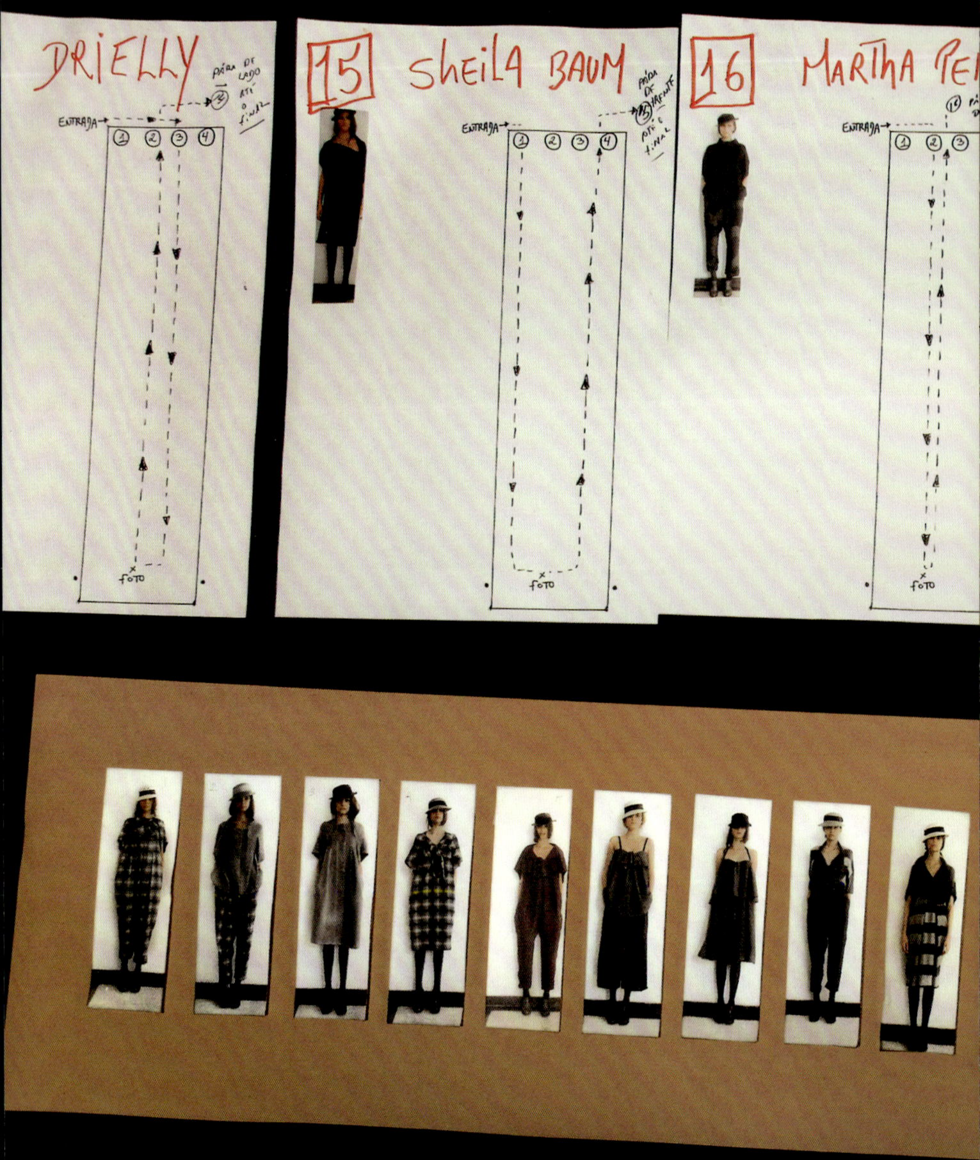
DRIELLY
ENTRADA
FOTO
15
SHEILA BAUM
ENTRADA
FOTO
16
ENTRADA
FOTO

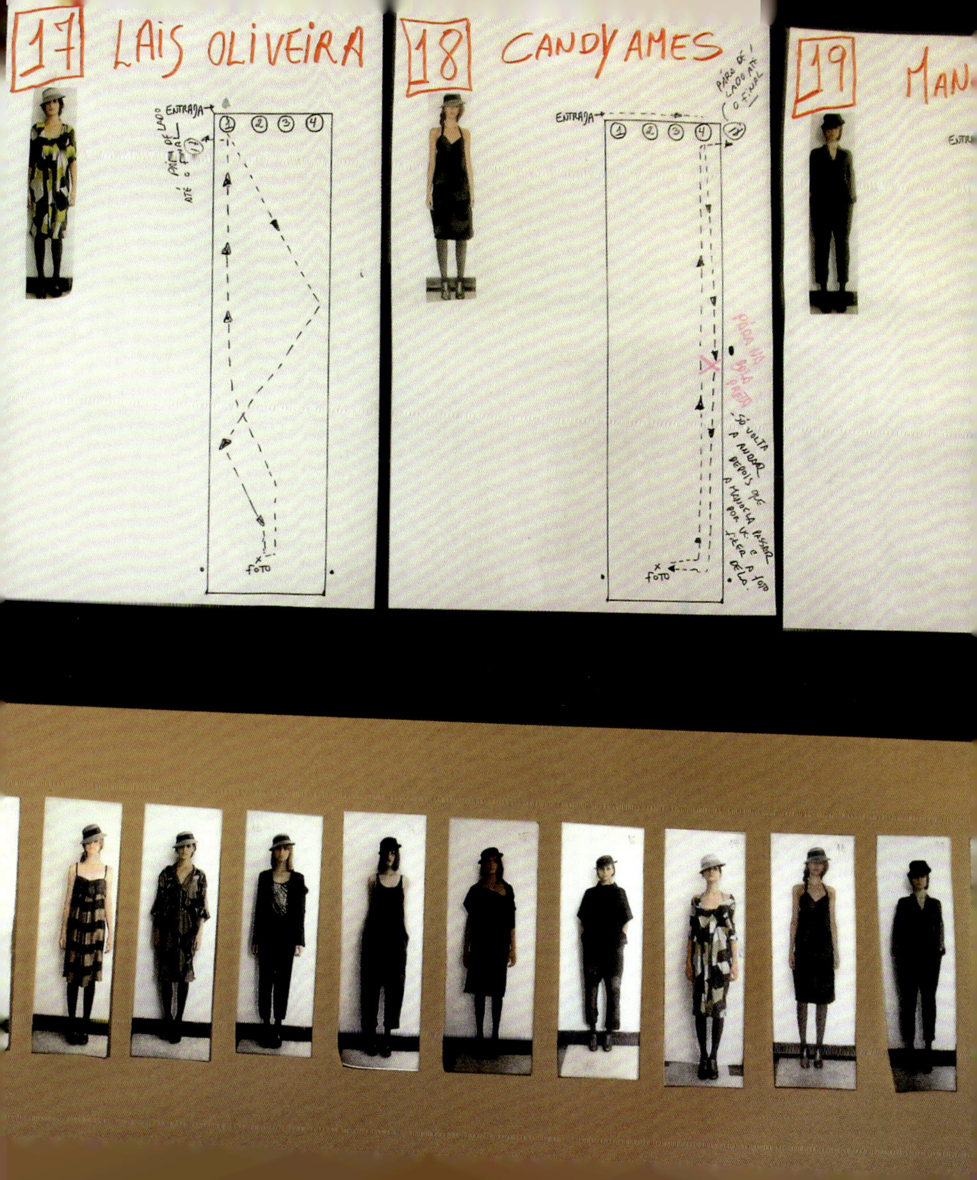
17 LAIS OLIVEIRA
ENTRADA
FOTO
18 CANDY AMES
PÁRA DE LADO ATÉ O FINAL
ENTRADA
FOTO
19

PARALELOS CYNTHIA GARCIA

"Ah, Huis Clos tem que ser meu", disse Clô Orozco às amigas que moravam no Rio e estavam entre dois nomes para a marca que pretendiam registrar: Marque Deposée ou Huis Clos. Rimava com seu apelido, o que dava uma graça, era francês, o que dava um charme e tinha um quê intelectual, apropriado à socióloga recém-formada que optara pelo mundo da moda, cujos ídolos era o casal Sartre e Simone. Ela o registrou. Era 1978.

Originalmente, "huis clos" é uma expressão antiga, usada na França para significar uma questão encerrada, porém caíra em desuso. Além do título da peça de Jean-Paul Sartre, hoje, é um termo jurídico, que determina uma questão irreconciliável, como na raiz original. Condizia com a personalidade de sangue mediterrâneo da moça que declararia trinta anos mais tarde em uma entrevista: "Nunca fiz questão de agradar. Sempre fui muito voluntariosa".[1] Uma vez, outra amiga lhe perguntou: "Com os problemas econômicos pelos quais você passou, não tem vontade de fazer uma roupa mais comercial? Vender mais?". Confessou ter ficado tentada: "Houve uma época em que se a roupa não tivesse decotão ou não fosse da *Viscolycra* da estação não vendia. Cheguei à conclusão de que, se eu não focasse em um estilo, não cresceria como marca e meu nome desapareceria. Quem sabe eu só soubesse fazer apenas uma coleção baseada nas tendências? Acredito em perseguir o meu desejo e não o dos outros. Não sei fazer, nem vender aquilo que não tenho desejo de usar. Se já tenho dificuldade de vender o que gosto, imagine aquilo em que não acredito? Então foquei no meu estilo. Não importa se as pessoas dissessem que minha roupa não era *sexy*, algumas mulheres iriam se identificar com elas. Foi o que aconteceu. Ao seguir meu caminho, nasceu o estilo Huis Clos".

HUIS CLOS (ENTRE QUATRO PAREDES)
JEAN-PAUL SARTRE

Apesar de o título ter duas versões para o português, *Entre quatro paredes* ou *A portas fechadas*, a peça de Jean-Paul Sartre, ficou conhecida, no Brasil, no original francês. Símbolo do existencialismo, filosofia idealizada por Sartre, *Huis clos* foi encenada pela primeira vez em meio a um enorme clima de tensão no teatro Vieux-Colombier, em Paris, em maio de 1944. Era a Segunda Guerra Mundial (1939-1945), a capital francesa estava sob ocupação das forças armadas alemãs, que só deixariam a cidade três meses depois, em agosto. A peça cunhou uma das frases mais célebres da história da dramaturgia: "L'enfer, c'est les autres", o inferno são os outros. Desde então, vem sendo encenada no mundo todo por grupos teatrais, famosos e amadores.

Huis Clos, de Jean-Paul Sartre

Peça em um ato
Cinco cenas

Personagens por ordem de entrada:
Mordomo
Garcin
Inês
Estelle

Sinopse[2]

A peça desenrola-se, na realidade, em torno de apenas três personagens. Abre com o mordomo levando um homem, Garcin, a uma sala, seguidos, depois, por Inês e Estelle. A sala é uma representação do inferno. Vazia, desprovida de identidade, possui apenas uma porta de entrada. Depois que os três encontram-se lá, o mordomo tranca a porta e sai de cena, e eles percebem que estão mortos. Aguardam ansiosamente um torturador por seus vis atos terrenos, mas esse não chega nunca. Acabam concluindo que estavam ali para se torturarem um ao outro, com seus pensamentos, suas palavras e a companhia dos outros dois. Na quinta cena, pouco antes de terminar, Garcin exige sair de lá. A porta abre-se, permanece aberta, mas nenhum dos três sai.

Fim

Em homenagem aos cem anos do nascimento de Sartre, o jornalista e escritor José Castello, em artigo intitulado "Morte, parábola da vida",[3] escreveu: "O inferno experimentado por Garcin, Inês e Estelle é um lugar parecido com o mundo contemporâneo, unificado pela tecnologia, imobilizado pelo pragmatismo e preso à monotonia da repetição de massa".

A MENINA BONITA

O gosto pelas coisas belas foi transmitido a Clô Orozco por três pessoas queridas. Da mãe, d. Carmela, cabeleireira, herdou o gosto pela beleza, pelo universo feminino. De d. Lydia, o gosto pela moda, pelas roupas bonitas, bem-feitas, bem acabadas ("Tia Lydia tinha um ateliê na rua Augusta com outra tia, a tia Mariquita"). O pai, sr. Eupídio, comunista convicto, exigia que a filha, uma menina muito bonita, mostrasse a ele a sola do sapato para avaliar se deveria comprar ou não um par novo.

Presa aos afazeres do salão, o Oásis, na praça da República, a mãe não tinha tempo para a menina. A responsabilidade coube à tia, que a pegava no colégio Caetano de Campos e a levava para o ateliê onde ela praticamente viveu até os nove anos, quando a família se mudou para Bragança Paulista, interior de São Paulo, onde ela viveu até os dezenove anos.

Nas freqüentes visitas da tia aos parentes, d. Lydia costurava para a sobrinha, que ficava ao lado observando, curiosa. Até o dia em que ela passou a ajudar a tia, desenhando seus próprios vestidos e modelando no manequim. Anos mais tarde, ao montar a oficina de costura, Clô convidou a tia para trabalhar com ela. "Ela coordenava a modelista, dava soluções de acabamento, me ensinou muito". Hoje, em sua confecção, muitas vezes, é para Clô que sua equipe se volta em busca de soluções de acabamento. "Só alguém com muita experiência é capaz de solucionar tecnicamente a roupa. Mas não sei costurar à máquina. Minha costura é torta. Mas costuro muitíssimo bem a mão." Com a tia aprendeu coisas do *métier* como *moulage*, alinhavar com perfeição, tirar o defeito de uma calça na própria peça, recortando, alfinetando, alinhavando, provando várias vezes, até chegar à forma idealizada, sem defeitos, perfeita. À maneira de *mademoiselle* Chanel, em seu ateliê, de *tailleur* (Chanel, claro), *bijoux*, chapéu palheta, cigarro no canto da boca, alfinetando uma cava, que ela ensinava ser fundamental para a queda da roupa. Como o austero Cristobal Balenciaga de guarda-pó alvo, impecável, analisando, como um hábil cirurgião, a costura das costas do *tailleur* no corpo da manequim de prova sob o olhar atento de *madame* Renée, a diretora da *maison*. Assim como *monsieur* Dior e sua assistente, a fiel *madame* Raymonde, com uma peça de tafetá no corpo da manequim, drapeada apenas pela mão sábia do mestre. Coisas da escola francesa, dos antigos costureiros, da nobre arte da costura.

SARTRE E SIMONE

Não foi só a coincidência na sonoridade do apelido monossilábico de Clotilde, a Clô, com a segunda palavra do título da peça de Sartre que a induziu na escolha do nome de sua marca.

Escrita na década de 1940, *Huis clos* é a peça mais famosa de autoria do filósofo do existencialismo, o francês Jean-Paul Sartre (1905-1980). Símbolo do intelectual engajado, Sartre venceu o prêmio Nobel de Literatura, em 1964, mas o recusou porque, segundo ele, "nenhum escritor pode ser transformado em instituição". Mas não conseguiu evitar transformar-se em ídolo da juventude francesa e mundial. Vivia com a escritora Simone de Beauvoir (1908-1986), autora, entre outros, do revolucionário *O segundo sexo*, publicado em 1949, uma análise sobre o papel da mulher na sociedade.

Sartre e Simone [à direita] estavam no epicentro dos acontecimentos que culminariam na revolução estudantil de maio de 1968, em Paris, época em que o presidente da França era o general De Gaulle. Simbolizavam o casal antiburguês, marxista, intelectual, engajado. Eram muito apaixonados, muito modernos, a ponto de permitirem-se ter, abertamente, casos extraconjugais que, assim como suas idéias marxistas, geravam polêmica entre os conservadores e notícia na mídia internacional.

Essa química teve o poder, durante quase três décadas, dos anos 1950 aos 1970, de influenciar intelectualmente a juventude e aqueles que desejavam romper com o peso da tradição, entre eles, a jovem paulistana Clotilde Maria Orozco de Garcia, que completaria dezoito anos. De sangue espanhol (os Orozco vinham de Málaga e da Múrcia; os Garcia, de Toledo), a moça preparava-se para cursar sociologia e política em São Paulo. A curiosa alquimia entre o pai comunista, que achava tudo supérfluo, e a mãe cabeleireira, dona de um dos bons salões do centro de São Paulo, nos anos 1960, só podia resultar em uma filha fora dos padrões.

Como era natural para uma universitária de sua geração, o casal Sartre-Beauvoir habitava seu imaginário, encarnava a esperança de novos tempos. Ele, sempre de blazer de *tweed* meio velhusco e um par de óculos "fundo de garrafa" de aro escuro, de tartaruga, fumando cachimbo, parecia estar sempre refletindo ou discutindo assuntos que iriam mudar o rumo da humanidade e todos viveriam felizes para sempre... Ao seu lado, a companheira, opinativa, independente – uma linda mulher –, de coque, turbante ou lenço de seda dobrado em "V" na cabeça, como era o costume da época. Simone tinha estilo, transmitia uma *nonchalance*[4] sedutora aos olhos daqueles que, como Clô, a admiravam por sua inteligência, personalidade, coragem e beleza.

A escritora apreciava moda, como é natural para uma mulher, especialmente a francesa, afinal foi na França que se desenvolveu o conceito da moda ocidental. Mas não a moda coquete, empertigada, justa, óbvia da mulher burguesa. Era discreta, sabia acentuar seu belo rosto com colares, às vezes com brincos, um *tailleur* sem excessos, coroado com sua marca registrada, o turbante, que realçava suas feições delicadas, registradas por vários fotógrafos, entre eles Henri Cartier-Bresson e Irving Penn.

Movido pela curiosidade do sucesso inicial da revolução de Fidel Castro, em Cuba, em 1959, o casal passou a interessar-se pelo Terceiro Mundo. Em agosto de 1960, quatro anos antes do golpe militar no Brasil, Sartre e Simone desembarcaram no Rio de Janeiro e passaram dois meses viajando pelo país, ciceroneados pelo escritor Jorge Amado. Foram recebidos pelo presidente Juscelino Kubitschek, em Brasília, a nova capital, a cidade do futuro. Entre críticas e aclamações, fizeram palestras em universidades, concederam entrevistas, visitaram até favela carioca.

DE SPLASH A HUIS CLOS

Com o canudo debaixo do braço e a expectativa de vender mais roupas para as amigas, pendurou o diploma na parede com a firme convicção de que seu caminho não estava na sociologia.

O passo natural foi abrir uma loja multimarca na rua Pamplona, batizada – ela ri – Splash. Eram os anos 1970, década da discoteca, do lurex, do John

Travolta, dos Bee Gees, de onomatopaicos refresco Crush e chiclete Ping Pong. "Eu comprava da Glória (Coelho), do Alcides (Nujo), da T. Macchione e os jeans do Renato (Kherlakian), que tinha a marca Zoomp. Ele me ajudou nesse início, indicou clientes, me apresentou aos atacadistas da rua 25 de Março". A troca *fashion* evoluiu para uma troca de anéis e um casamento de cinco anos.

Como não encontrava as roupas que desejava, resolveu encarar a empreitada - o nome já estava registrado -, e montar uma oficina de costura. Logo estava vendendo seus modelos para lojistas como a Traudi Guida (Le Lis Blanc), que tinha a Snupy. A roupa foi saindo, ela viu que criar lhe dava mais prazer, mais retorno financeiro. Entrou na rotina de confeccionar, vender, aplicar em tecido, confeccionar, vender, aplicar em tecido...

No ano seguinte, alugou um espaço no prédio da rua Hungria, onde também funcionava a confecção de Gloria Coelho da G, e a Huis Clos entrou em outra fase.

PARIS É UMA FESTA[5]

> *A arte, o conceito, a* moulage, *principalmente, no caso do Yohji Yamamoto, era* art-wear, *uma roupa para colocar no manequim e observá-la como exercício de estilo.*
> Clô Orozco

Anos 1980. Paris vivia uma revolução, só se falava sobre uma coisa: os japoneses.

O universo de códigos dos anos 1970, uma evolução do hippie dos anos 1960 misturado aos ditames dos anos 1930, esgotara-se. Nos últimos anos, a moda vivia o final de um ciclo, repetindo seus códigos à exaustão, sem saber onde buscar novo rumo. Porém, os anos 1960 e 1970 tiveram um valor inestimável, muitas vezes não reconhecido, que moldou a moda contemporânea. O período introduziu um novo conceito de moda e o gosto pelas roupas da Ásia continental (batas, *batiks, sarouels, djelabas*), em especial as da Índia. Esse movimento foi tão revolucionário quanto a revolução estética que estava prestes a acontecer no início da década seguinte, os anos 1980. Ele rompeu com o classicismo e o perfeccionismo dos anos 1950, estruturados ainda na moda do século XIX, e abriu as portas para outro conceito de indumentária, a moda japonesa.

As tendas armadas nos Jardins des Tuilleries quase despencaram, assim como a jugular de todos que assistiram à primeira apresentação de Rei Kawakubo com a Comme des Garçons, Issey Miyake e Yohji Yamamoto [p. 30] em janeiro de 1981, em Paris, a convite da Chambre Syndicale de la Mode. O preto dominante, sombrio, monocromático apagou o colorido vibrante e engavetou os anos 1970. As passadas das modelos calçadas de sapatos baixos enterraram o salto alto. A amplitude das roupas, longe do corpo, fuzilou o *sexy*, fulminou as curvas femininas. Um silêncio no ar...

"PIREI COM OS JAPONESES"

Em uma das vezes que chegou a Paris, os desfiles tinham acontecido fazia poucos dias. Só se falava nisso. Mas havia muita resistência, "deforma o corpo feminino", "não é sensual". "Não conseguiam ver o trabalho do artista. O Issey Miyake era escultor, aliás, hoje, ele voltou a ser escultor novamente, deixou de fazer moda. O Yohji Yamamoto, a Rei Kawakubo, a mesma coisa. Como não são artistas? Quem não entendeu isso quando eles apareceram perdeu tempo. Sempre olhei para os japoneses como os meus mestres". Deixar influenciar-se pelo repertório dos designers japoneses, que faziam tantas experiências, tantas transformações, era a mais nova linguagem. Abria um universo infinito de variações, de *moulages*, de interpretações. "Como o meu trabalho não era oriental – sou uma estilista ocidental –, o caminho era misturar a minha bagagem clássica com esse novo olhar e com a *moulage* para criar uma outra coisa, uma coisa minha."

AS VIAGENS

Duas vezes ao ano embarcava com os amigos, Maria Cândida Sarmento (Maria Bonita) e Georges Henri (dono de marca homônima), ambos da moda, já com loja no Rio, onde moravam. "Sempre havia um brasileiro que morava em Paris e conseguia convites. Assisti aos desfiles dos japoneses durante quase toda a década de 1980. Era fascinante."

Paris não significava só loja e roupa. Incluía, sim, entrar nelas, admirar a vitrine, a arquitetura, a coleção, os produtos. Mas, principalmente, simbolizou outra fase de seu aprendizado, um mergulho em um cenário radicalmente diferente de seu dia-a-dia na moda brasileira. A cidade significava descobrir novos conceitos, estudar a personalidade das marcas, tocar uma

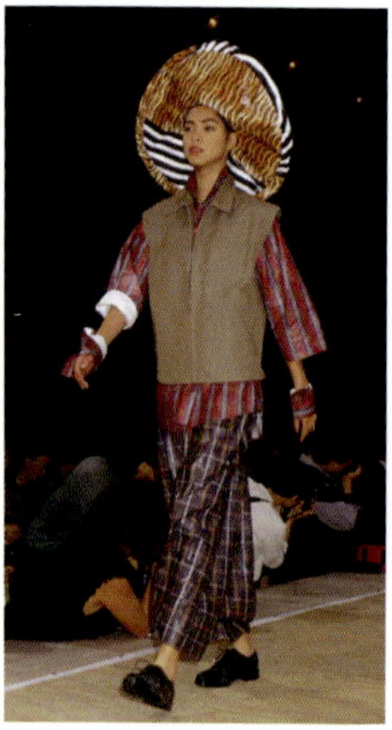

infinidade de tecidos, digerir novos volumes, aprender novas referências, sentir a roupa de perto, provar os modelos, construir novas soluções de acabamento, conhecer novos aviamentos, observar novas combinações de cores, curtir detalhes de construção da roupa, invisíveis nas fotos, nas passarelas... Paris era a moda viva, vibrante.

Mas a viagem incluía também outro aprendizado, o dos sentidos. E os três, juntos com outros amigos, em especial, o jornalista Renato Machado, que era correspondente em Londres, mergulhavam na arte, na cultura, na música, na gastronomia, nos vinhos... Mais experientes, Georges, que era belga, e Cândida, que ia a Paris havia mais tempo, levavam a jovem paulistana que se produzia com roupas de brechó ("Ainda tenho um casaco de *soutache*, que comprei em Paris, naquela época") a museus, exposições, concertos, a levavam para dançar e papear nos bares, viver Paris. "Tive sorte de conviver com pessoas que me ajudaram na minha formação intelectual e estética", constata.

Continua viajando para a capital francesa todos os anos, mas não para assistir aos desfiles. Anualmente vai às duas edições da Première Vision ("Não gostava da feira, hoje amo") para encomendar os tecidos e aviamentos que utilizará na próxima coleção. "Naquela época, como eu não comprava lá, só comprava tecidos nacionais, ia para ver os desfiles." Hoje, tem a facilidade de comprar direto dos melhores fornecedores internacionais. "No Brasil, as grandes fornecedoras de delicadezas, como a Unidas, uma fábrica de rendas, a Braspérola, uma indústria premiadíssima que produzia um linho maravilhoso, fecharam", lamenta.

INFORMAÇÃO, INFORMAÇÃO, INFORMAÇÃO

Duas vezes ao ano, Clô viaja para Paris e Nova York com suas estilistas, Sara Kawasaki, da Huis Clos, e Camila Cutolo, da Maria Garcia, sua segunda marca para público-alvo mais jovem, lançada em 2001. "Invisto na formação intelectual delas. Insisto que freqüentem exposições, vejam arte; que passem na loja que está desenvolvendo um acabamento interessante, usando um tecido diferente, utilizando um novo colchete de pressão e pesquisem se dá para importar". "A agenda de dez dias, é uma loucura. Mas elas são muito legais, muito antenadas", admite. "A Ana Laett, que faz a estamparia, a campanha e o *lookbook*, tem formação de artista plástica, também é superligada, viaja, olha tudo, discute tudo. A Huis Clos é um universo de informação", arremata com orgulho.

Em Nova York pesquisa nos brechós. "Como existe a cultura de *garage sale*, de renovar o armário, mais que os europeus, os brechós são muito ricos." Nos de Paris, garimpa em St. Germain, no Marais e em outros *quartiers*. Compra *bijoux*, acessórios, estampas, sapato. Encontra uma roupa com uma gola genial ou uma que tem vontade de usar. "Quando pesquiso em brechó - adoro os anos 1950, os anos 1930, os anos 1920 -, busco algo inusitado, que só será incorporado à coleção se for muito bem trabalhado, adaptado, renovado para não cair numa releitura banal. Senão fica com cara de datado." Na viagem de pesquisa que fez para sua coleção Inverno 2008, o garimpo resultou na primeira linha de óculos Huis Clos.

A PERGUNTA TABU

E copiar?

"Não é preciso. Deve-se observar, admirar, aprender e se inspirar. Olhar é o mesmo que se faz em uma exposição e se admira o trabalho de um artista plástico. Ao olhar ele passa a fazer parte da elaboração do seu universo visual, integrar seu arquivo estético. É importante até para descobrir aquilo de que você gosta muito e, também, do que não gosta. Com isso, o seu gosto vai apurando cada vez mais." Com o universo estético bem nutrido de referências, chega a hora de pensar que caminho tomar para a próxima coleção. Observar, viajar, olhar atiça seu desejo de criar. Como fazia desde o início, continua curtindo ver de perto as roupas, tocar no trabalho dos estilistas que admira. "É para aprender. Eles têm um maquinário de acabamento que nós não temos. Os aviamentos são fantásticos, do botão à linha. Desenvolvem soluções de acabamento que são criadas por técnicos altamente qualificados que nós não temos aqui."

Clô é uma curiosa nata: "Desde muito cedo, brinco que gostaria de fazer tudo ao mesmo tempo. Amo tantas coisas. Sou capricórnio com ascendente em sagitário, então é uma fome de viver, de fazer. Gosto de comer bem, de beber bem, gosto de arte, de música, de literatura, de cinema, de teatro... E de moda".

Todos os criadores - sejam pintores, músicos, escritores, enfim artistas são, no âmago e na sensibilidade, receptadores, captadores das correntes que estão no ar. Por causa disso tornam-se transmissores dessas correntes [...]. Os criadores de moda têm exatamente o mesmo papel [...], hoje, comprovado, visto que a moda tem atuação em todas as áreas, como fenômeno de relevância.[6]

A CULTURA DA QUALIDADE

O luxo não é o contrário da pobreza, mas o oposto do banal.
Chanel

As lições de Blanckaert sintetizam o conceito de qualidade perseguido pela Huis Clos. Desde 1996, *monsieur* Blanckaert é vice-presidente da Hermès Internacional. Hermès é uma marca francesa de luxo, celebrada como símbolo de couro, de discrição, de *chic*, desde sua fundação em Paris, em 1836. É uma das grifes que Clô Orozco mais aprecia ("uma lição"), particularmente no período de 1997 a 2003, época em que seu diretor artístico era o belga irreverente e luxuoso Martin Margiela. Na França chama-se de diretor artístico o estilista que está a frente da criação de uma grande marca, como Karl Lagerfeld para Chanel, John Galliano para Christian Dior e Nicolas Ghesquière para Balenciaga, entre outros.

Para Christian Blanckaert é o tempo que escreve as histórias de sucesso ou de fracasso. No mundo das marcas de qualidade, ele é um rei-sol, absolutista, implacável. Não há como "criar" a história de uma marca requintada da noite para o dia. Ela é fruto de um capricho que se transforma em sonho, que se torna uma cultura e amadurece em forma de estilo de vida, meticulosamente construído e, por fim, desejado. O produto de qualidade não deixa margem para erro, dúvida ou engano. É o resultado de muito trabalho, pesquisa, inovação, risco, mistura de passado e futuro, renovação, novas idéias e, finalmente, de produtos e de serviço. Regendo a sinfonia, o conceito, sagrado conceito. A sonoridade sofisticada da marca. O desenho do logotipo. A arquitetura. O atendimento. O visual das vendedoras. A publicidade. A vitrine. A embalagem. A imagem. As cores. As texturas. A coleção... E o produto! O produto! Detalhes e mais detalhes, que vão do aviamento à comunicação da assessoria de imprensa aos profissionais de mídia.

E importante: crescer sem inchar ("*grandir sans grossir*"). A arte está em crescer com coerência, atento aos parâmetros de seu conceito, de sua linguagem, de seu estilo. Ou seja, persistir no caminho da legitimidade da marca.

Mas e o preço? Afinal, trata-se de um negócio. Reza a expressão francesa que "o preço é pago uma vez, mas a qualidade é constatada todos os dias!"

Como gosto do funcional, não gosto de enfeite, do que não é utilitário, sou mais minimalista na minha casa, nos meus ambientes, na minha roupa.
Clô Orozco

No fundo, Clô Orozco queria também ter cursado faculdade de arquitetura. Não dava tempo, tinha que trabalhar, mas fez um curso de decoração na Escola Panamericana anos depois. Suas lojas refletem sua estética em todos os detalhes, são templos do bom gosto, poderiam estar em qualquer bom endereço do mundo sofisticado. A fábrica [p. 36] no Bom Retiro está instalada em um prédio *art déco* de 1946, reformado pelo arquiteto Felippe Crescenti, é um exemplo de respeito à beleza do design original e de cidadania. No mesmo ano, em 1946 surgiu o biquíni, invenção do suíço Louis Réard, e em 1947 o *new look* de Dior...

Não surpreende a quem busca conhecer Clô Orozco, esta amante dos espaços de respiro entre a pele e o tecido, tão importante para a elegância de sua roupa, que ela revele sua casa e mostre como vive. O estilo que Clô desenha para sua grife está costurado em cada detalhe de seu estilo de vida, no conforto de sua casa, nas sutilezas de suas lojas e em sua paixão pela arte e pelo *savoir-faire*.

Mais minimalista que seus apartamentos anteriores, mas localizado, como os outros, no bairro de Higienópolis, em São Paulo, ela se presenteou com este novo endereço para comemorar as três décadas da marca, em 2008. Ele, em suas palavras, é "mais escandinavo". "Estou com vontade de ter uma vida mais minimalista", em alusão à máxima da Bauhaus: "Menos é mais", tão presente em seu olhar.

Madeira e concreto aparente cobrem os espaços, pontuados por branco e preto. Na sala, um carrinho de bebidas, anos 1950, que a acompanha há tempos, é design de ninguém menos que o arquiteto finlandês Alvar Aalto – certamente uma premonição da fase escandinava que aterrissou em sua vida depois da viagem a Oslo. Mas, como faz na moda, a placidez das cores nórdicas é rasgada pela vibração do vermelho de um banco italiano comprado em Paris. O sofá e a *chaise longue* de Charles Eames estão forrados com tecidos que ela criou para a Micasa, loja de decoração, das mais modernas e *chics* de São Paulo, para a qual Clô desenvolveu uma coleção composta de cinco tramas para forração.

O gosto por cozinhar e receber amigos explica o tamanho da mesa de jantar. Coisa de dona-de-casa-estilista, confessa uma queda por aparelhos de jantar: "Adoro trocar o visual da mesa. Na mala tenho sempre louça, panela, livro de culinária". Diferente da cozinha cheia de utilitários, em seu *closet*, nenhum exagero de roupa. Como depois de trinta anos no *métier*? "É meu lado capricorniano não-acumulativo, detesto juntar".

Atualmente, freqüenta menos exposições do que gostaria: "Quando vejo já são dez horas da noite, ainda estou trabalhando. Fui me tornando uma *workaholic*". Mas a arte é da melhor qualidade com destaque para dois nomes internacionais de peso, Jesús Soto e Richard Serra. Entre os brasileiros estão em sua coleção: Ana Maiolino, Artur Piva, Janete Musalli, Vicente Kutka, Daniel Feingold, uma xilogravura atribuída a Portinari e um acervo de Carmela Gross de várias épocas – ela e a artista plástica são clientes uma da outra.

Enquanto a maioria de seus livros de moda fica na fábrica, os de fotografia como os de Irving Penn, Cindy Sherman, Annie Liebowitz estão pela casa. Entre as pilhas, chama a atençao o do colecionador antuérpio Axel Vervoordt, um dos símbolos da elegância, da qualidade, da discrição, do detalhe, mas da grandiosidade também. "Estive lá", revela com felicidade nos olhos o passeio que fez em Kanal, uma antiga fábrica com silos gigantescos, na Bélgica, transformada na galeria de arte de Vervoordt (pronuncia-se verfur). "Ele tem dois Anish Kapoor, especialmente encomendados para os silos", suspira.

O aprendizado constante refina o olhar, atiça a curiosidade, abre o universo e confere consistência ao ofício. Não é de estranhar que seus livros, suas visitas a galerias de arte e a museus tenham eco nas estampas que desenvolve com artistas colaboradores como Vera Costa em reinterpretações de mestres das artes plásticas como Cy Tombly, Henry Van de Velde, Mark Rothko, Robert e Sonya Delaunay, Jackson Pollock e, mais recentemente, Armando Reverón, nas estampas do Verão 2007/8 e do Inverno 2008. "A arte ajuda a contar a minha história."

"FETICHE"

> *Elegância é um conceito essencialmente moderno. Não é um termo encontrado nas descrições da rainha Elizabeth I ou de Maria Antonieta. Nos romances de Jane Austen, é um termo mais associado à descrição de homens do que de mulheres. É um estado de espírito, uma forma física de representação que passa a existir no momento em que as mulheres se apropriaram das silhuetas e formas da moda masculina, que alongaram o corpo, o contrário do tradicional volume da moda feminina que tomava espaço e constrangia o movimento.*
> Colin Powell, crítico de moda inglês

Assim como *mademoiselle* Chanel, Clô Orozco tem um fetiche pela roupa masculina, reformulada, para suas coleções femininas [p. 39]. A alfaiataria, as texturas, as proporções, a gravata, o modelo de calça com prega afu-

nilada em baixo a atraem assim como a camisaria, em especial, a camisa de *smoking* ("As possibilidades na camisa de *smoking* são infinitas"). Foi o que levou-a a lançar a Huis Clos Homme, em 1981, que durou apenas 4 anos. A proposta era introduzir ao universo masculino o mesmo conceito de estudos de proporção e de pesquisa de matéria-prima que desenvolve no feminino. Sentia a existência de um nicho inexplorado no mercado de moda masculina, uma roupa que ficasse entre o exagero *fashion* e o clássico. Uma roupa para um homem que tem vontade de ser moderno, que quer sair do básico, do rigor do clássico absoluto.

Se tivesse mais tempo, ela gostaria de retomar a marca, mas uma nova marca exige tempo, investimento, planejamento empresarial. A empresária e estilista perfeccionista, que é Clô Orozco, tem experiência, sabe bem como é. Um episódio deixou-a feliz, mas a convenceu do risco. Depois de cinco anos sem a marca ser produzida, um homem entrou na loja pedindo Huis Clos Homme. Coincidentemente, estava lá ela, fazendo a ronda de sábado: "Entendeu por que parei? Faz cinco anos que você não vem aqui!". Amigos seus ainda hoje guardam ternos Huis Clos Homme, como o diretor de teatro José Possi Neto.

Impossível não encontrar uma camisa branca nas araras de suas lojas. É daquelas peças que, por mais que se tenha no armário, sempre há necessidade de mais uma, nem que seja para não abusar da alvura da preferida. Numa coleção, o modelo é acinturado; na outra, transpassado; a outra tem uma manga curta, ou mais larga; tem uma que faz vez de camisa de *smoking*... "Será que vou conseguir fazer mais um modelo de camisa branca?". Incluir tecido masculino nas roupas de festa é uma das maneiras que ela achou para continuar seu namoro com o masculino. Para quebrar o excesso de códigos femininos de um *look*, sugere a blusa de festa com a calça de alfaiataria ao montar as produções para as vendedoras nos lançamentos semestrais de coleções. O cruzamento entre os sexos das roupas é uma das facetas sutis da sensualidade de seu estilo. "Gosto de um sapato lindo, bordado, com uma calça de tecido masculino. De uma simples camiseta branca, uma calça de cintura alta, preta, um monte de colar." Sem concessões, afirma: "Ir à festa inteira de *shantung*, de tafetá, da camisa a calça, acho careta". Seu estilo, afinal, baseia-se na desconstrução do óbvio.

AUBERGINE[7]

À primeira vista, alguns exercícios que *madame* Rucki dá em seus cursos parecem apenas brincadeira. Mas aquele jogo de seleção de cores na bonita sala neoclássica na Casa Rhodia tinha o poder de instrumentalizar o olhar do estilista, desenvolver a percepção das cores e as relações cromáticas. Suas referências e o cruzamento entre elas deixavam todos, ali naquelas tardes, entre surpresos, perplexos e entusiasmados com as possibilidades da criação de moda. "É fundamental ver tudo, arte, cinema, livros, música, andar nas ruas, olhar as pessoas", ditava *madame* Rucki entre a fumaça do cigarro, arrematando com três palavras: "Tudo é moda".

Os ensinamentos da renomada professora de estilismo importada da França, que presta consultoria para grifes como Missoni, ecoavam na sala da Rhodia, abrindo os canais da sensibilidade. Clô captava tudo sobre cores, formas, volumes, tecidos e suas relações, sobre como pensar e desenvolver uma coleção com princípio, meio e fim, como uma sinfonia de autor que tem momentos de *allegro*, de *crescendo* e de *allegro ma non troppo*... Cada detalhe, ensinava *madame* Rucki, deveria ser raciocinado como parte de um todo, até os nomes atribuídos às cores. A somatória de todos esses fatores resultava na imagem da marca. Por que apenas definir a cor como roxo? Se um roxo, com nuances de preto, poderia ser batizado de *aubergine*? Caprichos da sofisticação da moda. Lindos caprichos, que deixavam os alunos fascinados, querendo mais e mais.

Com ou sem *aubergine* ou beringela, as cartelas de Clô Orozco sempre foram mais neutras, menos coloridas. "Nunca consegui usar cores puras. Gosto de tons mais refinados. Sempre tive alguma dificuldade, mas hoje estou mais ousada com as cores", diz, fiel à sua aversão ao vulgar, aos princípios da elegância de sua moda eminentemente urbana e sofisticada. Seus rosas são mais fechados ou em tom de pele, de nudez. O verde pode vibrar ou ser sombrio, assim como o amarelo que em uma coleção pode ser ácido, mas em companhia do cinza para dosar a luminosidade da cor. Os marrons vão do jacarandá e sobem até o tom de terra avermelhada, terracota. O preto, sempre presente, muitas vezes o marinho também, e sempre o cinza, o branco e o cáqui. "Adoro uma calça de gabardine de algodão do bege ao cáqui mais escuro em uma nova proporção. Uma curta, uma comprida, mais afunilada, mais larga. E também no *short*, no vestido...".

Do mais escuro ao mais claro, o cinza mescla, em quase todas as coleções, tem papel de importância – criar um contraponto. "Ele atenua a cor mais forte e, numa calça, ou saia, dá uma quebrada na blusa importante de *chiffon* ou *georgette* ou numa blusa com bordado. A mulher não fica com o *look* todo festa, que chamo de 'muito pronto', não fica 'empertigada'. Um tom mais neutro, mais masculino com uma coisa muito feminina dá um contraponto para os excessos da roupa burguesa", resume com ares de Simone de Beauvoir.

UM PERFUME

Clô Orozco, muitas vezes, surpreende-se com seu prestígio. "A Barbara Kennington fez questão de entrar no meu camarim, para me conhecer porque é minha cliente. Olha que honra!". A inglesa não só assistiu ao desfile e quis conhecê-la como havia visitado, naquela tarde, a loja da Oscar Freire, entre um desfile e outro da edição Inverno 2008 do SPFW para comprar mais umas peças da Huis Clos, uma de suas marcas favoritas. Coincidentemente, entrevistei-a à época[8] por isso sei desses detalhes. A profissional inglesa é diretora de um dos sites de tendências mais importantes do mundo, o Worth Global Style Network.

Não é segredo para ninguém que administrar uma empresa, no Brasil, nos últimos trinta anos, é um ato heróico. As quatro marcas de Clô Orozco - Huis Clos, Clô Orozco, de *habillé*, Maria Garcia e Huis Clos, de *homewear* - envolvem uma operação composta por sete lojas, uma fábrica de 3.300 metros quadrados, mais de 200 funcionários diretos e uma produção em torno de 300 referências por marca, a cada coleção, para também atender a um grupo selecionado de multimarcas no país, assim como algumas lojas no exterior.

Sem dúvida, uma história de sucesso para uma mulher que sonhava em criar roupas diferentes que nunca cursou administração ou pensou em ser empresária. "O estilista, o artista não domina isso. Como fui obrigada a me envolver, acabei pegando o jeito, hoje gosto. Mas sofri muito, foi um capítulo muito difícil da minha trajetória", revela, "mas aprendi a ter gente muito competente trabalhando comigo". Seu trabalho é respeitado por todo o mercado de moda nacional. A ausência da Huis Clos das passarelas do SPFW das edições de 2000 a 2004 por motivos de estruturação da empresa, na época, foi lamentada por grande parte da crítica especializada e atingiu o prestígio do evento naquele período.

O crescimento e o reconhecimento do mercado envolvem alguns pontos a ser levados em consideração, entre eles a permanência da marca. No trabalho diário com seu assistente, um jovem natural de Oran, na Argélia, o mestre Christian Dior foi percebendo que o ajudante, Yves Saint Laurent, indicava, de fato, ter talento e veia para a moda. Quando Dior faleceu, subitamente, em 1957, o jovem Saint Laurent viu-se, da noite para o dia, obrigado a assumir o peso do cargo, tomar as rédeas como diretor criativo da *maison*. (A Europa ainda sofria as conseqüências do pós-guerra. Na época, só as exportações para os Estados Unidos da *maison* Dior contribuíam com quase 50% do PIB francês!). Nos três anos em que permaneceu à frente, Saint Laurent manteve o prestígio da marca. Utilizou o vocabulário do mestre, no entanto, acrescentou sua visão do moderno às coleções que assinou antes de partir em carreira-solo com seu sócio, investidor e amante, Pierre Bergé. Mais recentemente, em 2007, o oposto ocorreu com Valentino, conhecido mestre da alta-costura italiana. Sem ter a quem nomear para o cargo, o costureiro italiano, de 75 anos, e seu sócio desde 1960, Giancarlo Giammetti, venderam o Valentino Fashion Group por 3,8 bilhões de dólares para a Permira, grupo de fundos privados inglês, que agora gerencia a marca e contratou Alessandra Fachinnetti, ex-Gucci, como estilista.

Esse cuidado Clô Orozco tem com sua marca. Percebe que sua jovem assistente, Sara Kawasaki, que desde 2003 desenha para a Huis Clos sob sua supervisão, demonstra ter futuro e respeito com a linguagem que ela construiu ao longo desses anos. Clô Orozco cria sua moda de acordo com o quê deseja vestir a cada momento. Cada coleção envolve um exercício no qual ela imagina em detalhes que roupa usaria em diferentes ocasiões, uma festa, uma viagem, um romance. O desenvolvimento deste universo é trabalhado sobre uma cartela de cor e estampas definidas previamente. O seu desejo pessoal é a bússola que indica o caminho do estilo Huis Clos. "Sara faz o que ela sente, mas existe sempre um 'perfume' do meu trabalho de trinta anos fazendo moda. Construí um estilo o qual ela sabe perfeitamente dar continuidade. Ela sabe reinterpreta-lo, apesar de fazer Sara Kawasaki também". É a crítica que faz em relação a marcas como Dior e Balenciaga, que se distanciaram de seus fundadores.

Difícil substituição, a do trabalho autoral. No cenário global das grandes marcas, Clô Orozco adota duas posturas: as marcas que querem o resgate do universo do estilista fundador com um olhar contemporâneo ou as marcas que dão liberdade para o novo diretor criativo ou estilista criar sua própria linguagem, independentemente do estilo original da grife. "Depois da morte da Cândida, a Maria Bonita não faz a Maria Bonita da Cândida. Faz a estilista do momento, como a Daniela Jensen, uma profissional maravilhosa." Entre as estrangeiras, que fizeram a opção da Maria Bonita, cita a Balenciaga: "Com exceção da coleção que Ghesquière trabalhou com o arquivo do Cristobal Balenciaga, porque era aniversário da morte dele, a meu ver, não trabalha o resgate de atualizar Balenciaga. Ele faz Gesquière. Na Dior, não sinto nada do Christian Dior - zero - é Galliano. Por outro lado, com Albert Elbaz dá para sentir um 'perfume' da Jeanne Lanvin", diz ela à maneira dos franceses, herdeiros da cultura da moda, da perfumaria e de outras delicadezas, que ela tanto adora, usando uma palavra que asperge uma fragrância na imaginação e que, em português, traduziríamos como "toque".

Para ela, o estilismo de Elbaz resgata a feminilidade do estilo de *madame* Lanvin, que fundou a *maison* em 1885: "Ele trabalha a *moulage*, faz babados, *jabôs*, bordados mas é supernovo. Tem soluções geniais de arremates, de proporções". A única coisa que ela admite não curtir é o *look* final da roupa criada por Elbaz: "É muito *cocktail dress*. Mas confessa que vestiria a roupa dele se tivesse outro estilo de vida. "Ele seria uma opção no meu armário se eu fosse uma mulher muito sofisticada." "Mas você não é uma mulher sofisticada?", pergunto. "Não sou sofisticada desse tipo, de usar *cocktail dress*."

NOTAS

1 Clô Orozco. *L´Officiel*, jan. 2008. Entrevista concedida a Silvana Holzmeister.

2 A partir de leitura de *Sartre: "Huis clos" suivi de "Les Mouches"*. Paris: Éditions Gallimard-Folio, 1971.

3 *O Globo*, Rio de Janeiro, 19 mar. 2005.

4 Displicência.

5 Alusão ao título do *best-seller* do escritor americano Ernest Hemingway (1899-1961).

6 Françoise Vincent-Ricard, especialista francesa de moda, fundou o bureau de tendência Promostyl, em 1966. *La Mode*. Paris: Éditions Seghers, 1987, p. 39.

7 Beringela.

8 Barbara Kennington. "Site inglês é referência na busca das tendências". *Jornal do Brasil*, Rio de Janeiro, p. A7, 22 jan. 2008. Entrevista concedida a Cynthia Garcia.

Incorporar a vestimenta masculina ao guarda-roupa feminino não vem de hoje, Chanel nos anos 1920 foi a grande precursora. Em 1966, Yves Saint Laurent criou o *smoking* feminino usado com calça e blusa transparente. A mulher que o vestia afrontava a sociedade, exalando sensualidade e poder. Para modernizar o traje masculino, Clô trabalha com *moulage* e acrescenta volume ao que seria um simples paletó, com grandes pregas sobrepostas como uma dobradura. *Blazers* são reconstruídos, como o dividido em dois: um lado obedece o corte clássico, o outro, acinturado, traz o tecido junto ao corpo graças a uma amarração finalizada em laço. A *moulage* renova e a alfaiataria garante a estrutura. O corte é impecável. Pequenas pregas adornam lapelas, acinturam ou reconstroem mangas de *blazers*, paletós e camisas. As calças seguem a linha das pernas, retas, com ocasionais variações de comprimento, como na coleção de inverno 2008. O corpete aparece assimetricamente sobre a roupa, entre o terno e a camisa, ou na forma da amarração estampada. Na página anterior o *blazer* é usado com o *obi*, que aparece também sobre camisas e sapatos.

A descontração é um dos princípios da Huis Clos: ela enobrece o traje esportivo com tecidos e acabamentos nobres; descontrai a roupa de festa com tecidos do dia-a-dia. Uma das primeiras peças, um vestido longo, é uma grande camiseta de mangas 7/8, gola careca e bolsos, um elemento fundamental no estilo da marca. Com tecido estampado em tons terra, inspirados na África, pequenos botões fecham de cima abaixo o vestido de gola desconstruída, e bolsos-faca frontais. A despretensão permanece, porém mais sofisticada. O vestido curto nunca passa da linha acima dos joelhos. O pescoço, ombros e o colo feminino são valorizados, assim como as costas que podem aparecer praticamente nuas. O macacão é apresentado em diferentes linguagens: ele pode ser luxuoso, substituindo o velho pretinho básico, ou mais esportivo, em sua versão diminuta, o macaquinho. As peças consideradas mais esportivas, jaquetas e parcas, são confeccionadas com os tecidos e acabamentos mais nobres do mercado. A seda é usada num capuz com ajustes elásticos, e o vestido social pode trazer em sua estrutura a malha de algodão.

Clô chama de "preciosas" as peças mais formais e ricas de suas coleções, os vestidos bordados com pérolas, brilhantes, canutilhos e miçangas. Peças feitas à mão. Os tecidos de paetês são importados devido à diversidade de tonalidades e qualidade superior das lantejoulas. Tecidos japoneses, seda pura e cetim, fornecem matéria-prima para delicadas dobraduras aplicadas em blusas, *patchworks*, longos plissês formando babados, tiras que sustentam vestidos e amarrações. A roupa preciosa não necessariamente é roupa de noite.

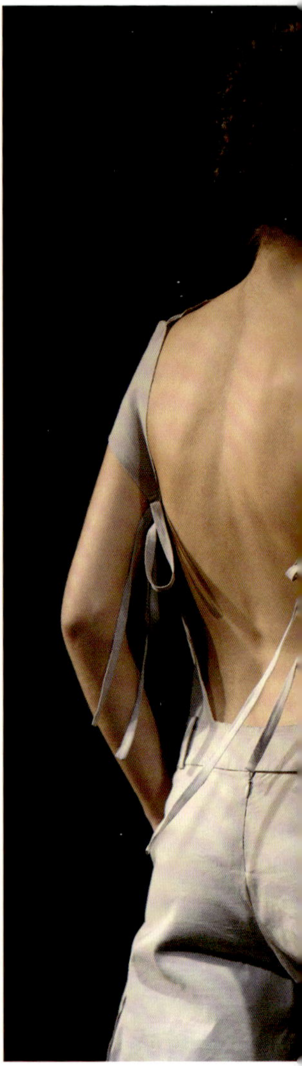

Os laços, nós e amarrações são usados desde a antigüidade para dar forma ao tecido junto ao corpo e transformá-lo em roupa. Não são enfeites gratuitos. Até os dias de hoje esses elementos, à primeira vista decorativos, associados à técnica da *moulage* são soluções para arrematar e estruturar peças com uma série de diferentes efeitos: na página ao lado, a faixa de tecido sustenta a blusa tomara-que-caia com um meio-laço volumoso; na página seguinte, o nó em dois tecidos de diferentes padronagem causa efeito semelhante na saia; com uma fita de cetim transpassada pelo avesso da peça, forma grandes pregas e acintura a blusa com efeito mais delicado; o mesmo recurso aparente em passantes cria linhas, franzidos e dá forma à roupa; os nós desenham decotes de vestidos e blusas.

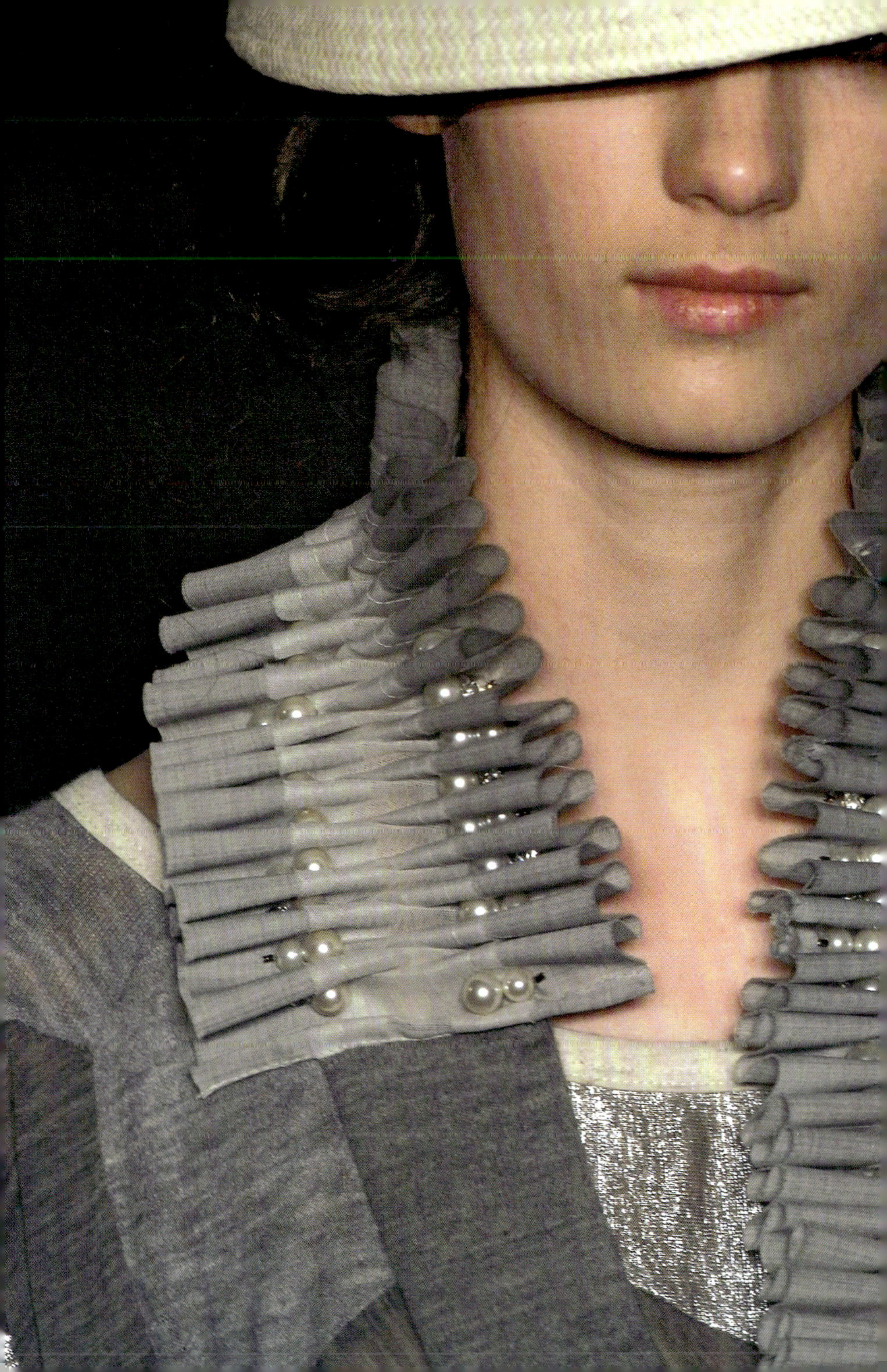

Os acessórios estão presentes desde o início da marca, em especial quando se trata de cabeça e pés. Os sapatos seguem um estilo imutável: fechados e de salto baixo, sapatilhas com amarrações, sandálias rasteiras de finas tiras são recriadas a cada coleção. Até pouco tempo a marca nunca havia produzido um sapato de salto alto. Acessórios de cabeça são concebidos na maioria das coleções, fruto da admiração por Simone de Beauvoir e Chanel, adeptas do lenço na cabeça. Os turbantes se transformaram, faixas vão e voltam conforme a estação e o tecido escolhido. Chapéus são arrematados com fitas discretas ou grossas tiras que criam volume.
Na moda Huis Clos não poderia faltar o boné que aparece refinado graças à *moulage*: duas longas tiras de tecido são enroladas direto na cabeça. E há ainda as discretas, porém fortes, pulseiras. Em uma coleção recente elas eram feitas de prata e repleta de berloques, ao estilo dos anos 1950, mas com ícones contemporâneos: espremedor de frutas de Philip Starck, um aparelho celular, taça de Dry Martini etc.

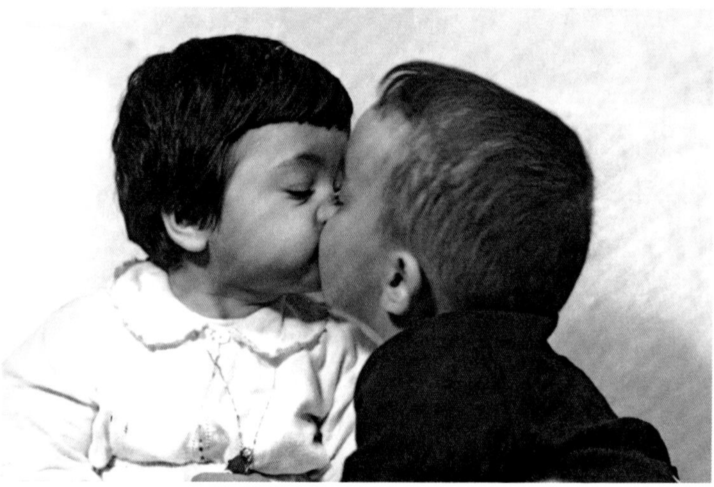

1950 Clotilde Maria Orozco de Garcia nasce na cidade de São Paulo (SP) em 23 de dezembro. Filha dos descendentes de espanhóis Carmela Orosco e Pascasio Eupídio Garcia. Irmã de Lygia Garcia e Adhemar Garcia. A mãe foi proprietária do famoso salão de beleza Oásis, durante os anos 1960, localizado na praça da República. O pai era fazendeiro.

1951 A revista *O Cruzeiro* publica a lista das "Dez mais elegantes" criada por Jacinto de Thormes.

1952 Assis Chateaubriand e a fábrica de tecidos Bangu organizam desfile em parceria com Jacques Fath na França. No mesmo ano, o estilista francês vem ao Brasil, cria peças com tecidos da Bangu, desfila no Rio de Janeiro, São Paulo e Salvador.

A revista *Manchete* traz na capa Danuza Leão e a legenda "Danuza conquista Paris". Trata-se de nossa primeira modelo de carreira internacional.

A estilista italiana Elsa Schiaparelli visita o Brasil.

1955 A Rhodia lança o náilon e passa a fabricar fios sintéticos no Brasil.

Cursa o primário no colégio Caetano de Campos, em São Paulo.

1957 Fundação da Associação Têxtil do Estado de São Paulo (ATESP).

O estilista Dener Pamplona de Abreu inaugura na praça da República, em São Paulo, seu primeiro ateliê.

Lançamento da revista feminina *Jóia*.

Passa as tardes no ateliê de alta-costura de suas tias Lydia e Mariquita na rua Augusta, enquanto sua mãe gerenciava o salão de beleza. Foi nesse período que Clô teve o primeiro contato com o mundo da moda, observando a tia trabalhar diretamente no busto com a técnica *moulage*.

1958 Primeira edição da Feira Internacional da Indústria Têxtil (FENIT), o primeiro salão de moda a reunir matéria-prima, maquinário e vestuário, assinalando o amadurecimento do setor têxtil.

A tecelagem Matarazzo-Boussac cria o Festival da Moda Brasileira. São oferecidos os prêmios Agulha de Platina e Agulha de Ouro para os melhores costureiros e Sapatinho de Ouro para a melhor manequim.
As amigas Lucia Piva de Albuquerque e Lourdes Aranha dos Santos fundam a loja de moda feminina Daslu.
Otto Stupakoff começa a fotografar para a Rhodia.
1959 Lançamento da revista *Manequim*, da editora Abril. Trata-se da primeira revista exclusivamente de moda no Brasil.
1960 Muda-se com a família para Bragança Paulista, interior de São Paulo, onde o sr. Garcia havia comprado uma fazenda.
1961 Lançamento da revista *Claudia*, da editora Abril.
1962 Emilio Pucci, Ugo Castellana e Valentino participam da FENIT e apresentam modelos no Copacabana Palace, no Rio de Janeiro.
1963 Em Roma ocorre o evento Moda Brasileira na Itália promovido pela Rhodia, o Instituto Brasileiro do Café e a revista *Manchete*. Dener apresenta coleção *prêt-à-porter*.
Aos dezessete anos, Mila Moreira é contratada como modelo pela Rhodia.
1964 A moda começa a ter relevância na vida de Clô. As ocasiões especiais eram muitas, fenômeno típico de cidades do interior, e era imprescindível estar bem vestida. Clô diferencia-se das demais garotas pelo figurino mais sofisticado e de corte impecável, fruto do talento de sua tia.
1966 José Luiz Itajahy cria a loja Bibba-Ipanema, no Rio de Janeiro, agitando o mercado nacional de *prêt-à-porter* com sua moda contemporânea ao estilo da Carnaby Street, em Londres.
1967 Eugenie Jeanne Villien introduz a disciplina de desenho de moda nos cursos superiores de Desenho e Plástica, na Faculdade Santa Marcelina, em São Paulo.
Pierre Cardin vem ao Brasil apresentar modelos na FENIT.
1969 A Rhodia comemora 50 anos no Brasil, e apresenta seu maior show-desfile, *Stravaganza*, na FENIT.
Lançamento da revista *Desfile*, da Bloch Editores, substituindo a revista *Jóia*.

1970 É criada a Associação Brasileira da Indústria Têxtil e de Confecção (ABIT). Lívio Rangan cria o Clube Um, reunindo um grupo de dez tecelagens, vinte confecções. Por meio de uma grande campanha publicitária o grupo reinventa a moda masculina no Brasil .

Monique Evans comeca a desfilar aos catorze anos para a Socila, escola de etiqueta social que instruiu muitas modelos cariocas.

Clô volta para São Paulo para estudar na Fundação Escola de Sociologia e Política de São Paulo (FESPSP). Trabalha durante o dia e estuda à noite.

1971 Zuzu Angel apresenta no consulado do Brasil em Nova York o "desfile-protesto". Inaugurada nova sede da tecelagem de luxo Santaconstancia.

Na efervescente cidade de São Paulo, influenciada pelo primo José Roberto Orosco, Clô começa a fazer aulas de teatro. Entre suas colegas de palco está Sonia Braga, com quem chegou a contracenar. O período crítico pelo qual o Brasil passava, a faculdade, o teatro, sem contar a influência do pai, fizeram com que Clô adotasse uma postura politizada por toda vida.

1972 Paco Rabanne mostra coleção de laminados e acrílicos no Brasil na FENIT. As empresas da indústria têxtil formam o Consórcio de Moda Brasileira em São Paulo, com a intenção de organizar os eventos de moda.

Dener lança sua autobiografia *Dener, o luxo*, pela editora Laudes e o *Curso básico de corte e costura Dener*.

1973 A editora Abril lança *Nova*, edição brasileira da revista *Cosmopolitan*.

1974 O fotógrafo Miro viaja à França para estagiar na revista *Elle* e tem o primeiro contato com o mundo da moda.

1975 É criado o grupo Moda Rio, primeiro núcleo organizado de estilistas com o objetivo de conseguir patrocínios e divulgar a moda do Rio de Janeiro por meio de desfiles e eventos, com foco em *prêt-à-porter*.

Lançamento da edição brasileira da revista *Vogue*, pela Carta Editorial. Regina Guerreiro é a editora.

Lançamento do *Noticiário da Moda*, pela editora Abril. Fernando Louza começa a fotografar os desfiles europeus para a revista.

Clô faz sua primeira viagem à Europa.

1977 Com a ajuda da tia Lydia, Clô começa a fazer as próprias roupas. Desenha, modela e costura no ateliê da rua Augusta, dividindo seu tempo entre suas próprias roupas e desenhos exclusivos que fazia para as clientes. A moda tinha um papel importante, mas a jovem não pensava em adotar o ofício como profissão.

Casa-se com Renato Kherlakian, criador da marca de *jeanswear*, Zoomp.

1978 Clô cria suas primeiras peças estampadas. Usando uma técnica artesanal, *batik*, feita com parafina derretida e pigmentos. As peças de Clô já são disputadas pelos amigos, e a socióloga, recém-formada, dedica-se cada vez mais à moda.

Abre, em sociedade com a amiga Célia Costa do Couto, uma loja multimarcas, a Splash, localizada na rua Pamplona. Após seis meses de loja as araras contam com uma linha de roupas bastante interessante, cuja etiqueta traz a expressão *Huis clos*. A linha de roupas era da agora oficialmente estilista Clô Orozco. O nome da marca não foi escolhido por acaso, pelo contrário, resume perfeitamente a personalidade da estilista. *Huis clos*, uma expressão idiomática francesa, é também título de uma peça de teatro do existencialista Jean-Paul Sartre, quando traduzido livremente para o português *huis clos* significa portas fechadas. A graça do nome da marca fica evidente na semelhança da sonoridade da palavra "clos" com o apelido da estilista, Clô.

Renato Kherlakian, há cinco anos no mercado da moda, apresenta para Clô os bons fornecedores e clientes, donos de lojas multimarcas.

1979 Criação do grupo Coordenação Industrial Têxtil (CIT), responsável pela organização de tendências de estilo e cartelas de cores dirigidas às empresas têxteis. Passa a trazer ao Brasil Marie Rucki, diretora do Studio Berçot, de Paris, para cursos anuais na Casa Rhodia.

A produção da Huis Clos já é vendida em diversas lojas no Brasil, como a Snupy, de Traudi Guida (atual sócia da Le Lis Blanc).

Abre um ateliê e *showroom* no edifício Torremolinos, na rua Hungria, em São Paulo, onde também funciona o *showroom* da marca G, de Gloria Coelho. Huis Clos e G dividem com prazer os clientes, quem vai até a G passa também na

Huis Clos e vice-versa. O ateliê tinha uma mesa de corte e uma máquina de costura; a equipe era composta por um senhor que modelava as peças de noite, um cortador e uma vendedora para o *showroom*. Pouco tempo depois o ateliê é transferido para uma pequena casa próxima ao edifício Torremolinos. Viaja novamente para a Europa e lá percebe que sua vida já é totalmente guiada pela moda. Concentrada em absorver tudo que a viagem podia oferecer, passa os dias visitando museus, revirando brechós, lojas de designers conceituados, além de grandes lojas de departamento. Observa como montar uma coleção, técnicas de acabamento e decodificação. A cada cidade diferente que visita ficam nítidas as mudanças no modo de vestir das pessoas, a moda ainda era heterogênea, diferente dos dias atuais.
Contrata a costureira Edith Maria dos Santos. Atualmente a mais antiga funcionária da Huis Clos, com 29 anos na empresa. Respeitada e admirada, é ela quem supervisiona o acabamento das peças na linha de produção.
1980 É formado o Núcleo Paulista de Moda, do qual fazem parte Alcides, Armazém, Companhia Ilimitada, G. Confecções de Gloria Coelho, Huis Clos, Le Truc, Rose Benedetti, Zoomp, entre outros. Era o *prêt-à-porter* contemporâneo se estabelecendo.
1981 Betty Prado ganha o concurso Face of the 80's (atual Supermodel of the World), promovido pela Ford Models.
É criada a Cooperativa de Trabalho Artesanal e de Costura da Rocinha Ltda. (COOPA-ROCA) no Rio de Janeiro. C&A, M. Officer e Osklen são algumas das empresas que já trabalharam com a cooperativa.
Participa do curso de estilismo ministrado por Marie Rucki, entre seus colegas está Gloria Coelho. As lições de Marie Rucki deram maior vigor aos jovens estilistas brasileiros do início dos anos 1980, até hoje gratos pelos ensinamentos.
Os japoneses Issey Miyake, Yohji Yamamoto e Rei Kawabuko causam impacto no estilo de Clô.
Publica anúncio de página dupla na edição de julho da revista *Vogue*.
1982 Lançamento da revista *Claudia Moda*, da editora Abril. Costanza Pascolato é a editora.

É formado o Grupo Mineiro de Moda (MG), composto por Artimanha, Art-Man, Patachou, Renato Loureiro, entre outros. O grupo durou quinze anos.
É fundada a escola de corte e costura Sigbol, em São Paulo. Hoje sob o nome de Sigbol Fashion, é uma escola de moda completa.
1983 Lança sua primeira coleção masculina. Se as coleções femininas traduziam a personalidade de Clô, criando e vendendo somente peças que usaria, a coleção masculina representava o modo como a estilista gostaria que se vestissem os homens que a cercavam. Após oito coleções, por falta de condições de crescimento no mercado pelo elevado preço de suas peças, deixa de fazer roupas masculinas.
1984 José Gayegos presta assessoria para o Senai-Centro de Tecnologia da Indústria Química e Têxtil (CETIQT), no Rio de Janeiro, na criação do curso de estilismo em confecção industrial, formando uma grade curricular exclusivamente para o design de moda.
Elisabeth Senneville, Jean-Paul Gaultier e Thierry Mugler apresentam suas coleções em São Paulo a convite da Grendene, indústria de calçados.
É inaugurada a primeira loja Huis Clos, com projeto do arquiteto Ronaldo Saraiva, na rua Dr. Mário Ferraz, em São Paulo. Minimalista com 400 metros quadrados, pé-direito alto, clarabóia e janelas com metros de altura iluminam o ambiente, paredes brancas, preto em grandes detalhes como o banco de alvenaria com assento em couro. Linhas retas em forma de longas estantes, araras tubulares em metal cromado emolduram as grandes áreas livres da loja. A parte feminina fica na frente, e as peças masculinas no fundo.
Esse momento é importante na carreira de Clô Orozco. Na loja passa a observar os clientes, e no contato direto com as pessoas percebe que muita gente não entendia a roupa Huis Clos. As peças inovadoras não caem bem nos cabides, o espaço da loja também não ajuda, conceitual demais para a maioria dos clientes. Clô faz mudanças. Passa a criar *lookbooks* com fotografias mostrando as peças no corpo, educando os olhos dos clientes para o novo e, o mais importante, apreende a adaptar seu desejo de estilista ao que as pessoas queriam vestir. Encontra o caminho que define o estilo Huis Clos: bons tecidos, *moulage,*

a construção elaborada da roupa, sem concessões aos modismos; roupas ousadas, porém elegantes, contemporânea, mas atemporal e de muita qualidade.

Walter Rodrigues entra para a equipe Huis Clos como assistente de estilo, permanecendo dois anos no cargo.

1985 Lançamento da revista *Moda Moldes*, da editora Globo.

Bob Wolfenson passa a fotografar editoriais de moda para a *Vogue*.

1986 É formado o Grupo São Paulo de Moda, com as marcas Forum, Tráfico, T. Macchione, Tweed, além de parte do extinto Núcleo Paulistano de Moda. É mais uma tentativa de, ao unir forças, os estilistas mostrarem ao público, através de desfiles conjuntos, seus trabalhos.

É criada a Cooperativa de Moda de São Paulo (SP), que reunia Conrado Segreto, Flávia Fiorillo, Jum Nakao, Maira Himmelstein, Marjorie Gueller, Silvie LeBlanc, Taisa Borges e Walter Rodrigues.

A estilista Paula Marques torna-se assistente de Clô.

1987 É criado o primeiro curso de graduação em moda, na Faculdade Santa Marcelina, em São Paulo.

Fundação da Class, primeira grande agência de modelos.

1988 Lançamento da edição brasileira da revista *Elle*.

1989 Com mais de dez anos de marca, o endereço da rua Hungria ficou pequeno. É montado um novo ateliê no Bom Retiro, em uma antiga fábrica da rua Lopes Trovão.

1990 A Universidade Anhembi Morumbi, em São Paulo, cria o curso superior Negócios da Moda.

Lançamento da edição brasileira da revista *Marie Claire*, da editora Globo, substituindo a revista *Moda Brasil*.

Dalma Callado, com 2.500 desfiles no currículo, encerra sua carreira de modelo. Era a modelo brasileira de maior renome internacional.

Clô passa a freqüentar duas vezes ao ano a feira têxtil Première Vision, na França.

É lançado o catálogo da Huis Clos, com fotos de João Delbucio.

1991 A Universidade Paulista, em São Paulo, lança o terceiro curso superior de moda no Brasil.

1992 Acontece a Semana Leslie de Estilo (atual Fashion Rio) no Rio de Janeiro, comandada por Eloysa Simão.

Erika Palomino passa a escrever a coluna Noite Ilustrada no jornal *Folha de S.Paulo*.

1993 É criado curso de moda na Universidade de Caxias do Sul, no Rio Grande do Sul.

Fundação do Instituto Zuzu Angel (IZA), no Rio de Janeiro. Entidade civil sem fins lucrativos, que administra a obra da estilista Zuzu Angel. Oferece cursos de moda, atualmente em parceria com a Universidade Estácio de Sá, além de possuir vasto acervo de roupas de estilistas brasileiros e internacionais.

Clô passa a desenhar sapatos para a Tactile, uma parceria que durou dez anos e lançou mais de vinte coleções.

1994 O Senac São Paulo assina convênio com a escola de moda francesa Esmod e lança, no ano seguinte, os cursos de Estilismo e Modelagem.

Criado curso de moda na Universidade Federal do Ceará, em Fortaleza.

Primeiro Phytoervas Fashion, em São Paulo, evento criado por Paulo Borges e Cristiana Arcangeli, com duas edições anuais até 1998, quando a marca foi vendida para um laboratório americano.

O diretor de arte Giovanni Bianco produz catálogo para a marca italiana Dolce & Gabbana.

Beto Lago e Jair Mercancini criam o Mercado Mundo Mix, trazendo à tona a moda *underground* brasileira.

1995 É criado o curso de moda na Universidade Veiga de Almeida, no Rio de Janeiro.

Gui Paganini passa a fotografar editoriais de moda da revista *Elle*.

Primeiro desfile da Huis Clos na loja da rua Dr. Mário Ferraz. A coleção apresenta estampas pesquisadas em livros e filmes sobre o fundo do mar, desenvolvidas pela artista plástica Bia Martinez. As estampas são feitas à mão nos tecidos já cortados, prontos para a costura.

1996 É criado o curso de moda na Universidade Estadual de Santa Catarina, em Florianópolis.

Primeira edição do Morumbi Fashion Brasil, em São Paulo.

Durante sessão de fotos, Shirley Mallmann conhece a fotógrafa alemã Ellen von Unwerth e inicia sua ascensão internacional.

Huis Clos está entre as marcas que desfilarão as coleções de verão 1996/97 no Morumbi Fashion.

1997 São criados os cursos de moda na Universidade Estadual de Londrina, na Universidade Tuiuti, ambas no Paraná, e na Universidade Regional de Blumenau, em Santa Catarina.

Primeira edição da Semana de Moda, atual Casa de Criadores, o evento reúne jovens estilistas, criado por André Hidalgo, em São Paulo.

A galeria Ouro Fino, na rua Augusta, em São Paulo, torna-se um centro de moda independente, nas lojas são vendidas roupas de Alexandre Herchcovitch, Escola de Divinos, Hell's Club, A Mulher do Padre, Slam, Sommer, entre outros.

Surge a Agência de Promoção de Exportação e Investimentos (APEX-BRASIL).

1998 É criado o Centro de Educação em Moda do Senac, em São Paulo.

É lançada a etiqueta AMNI que certifica artigos produzidos com *nylon* 6.6 da Rhodia, uma das patrocinadoras do São Paulo Fashion Week.

É inaugurada a segunda loja Huis Clos. O projeto, na rua Oscar Freire, é de Arthur de Mattos Casas.

Lança a linha *habillé*, cujo nome é da própria estilista. As peças Clô Orozco em sua maioria são confeccionadas com matéria-prima importada da Europa e são mais requintadas que a Huis Clos.

Vera Martins Costa é a responsável pela estamparia da coleção de verão 1998/99, lançada na loja da rua Dr. Mário Ferraz, recém-reformada pelo arquiteto Felippe Crescenti.

1999 É criada a Associação Brasileira de Agências de Modelos (ABAM).

Gisele Bündchen recebe prêmio de melhor modelo do ano no Vogue Fashion Awards.

O catálogo da coleção verão 1999/2000 conta com fotografias de Cristiano, maquiagem de Pedro Molinos e estilo de Clô Orozco e Paula Marques.

2000 A marca catarinense Colcci é adquirida pelo grupo Menegotti, atual AMC Têxil. É o início da criação de conglomerados de grifes no Brasil. Marcas geralmente administradas pelo próprio estilista ou familiares do mesmo, são adquiridas por gestores profissionais, tornando-se parte de um grupo. A AMC Têxtil atualmente engloba, entre outras, a marca Sommer, adquirida pelo grupo no ano de 2004.
A modelo inglesa Kate Moss vem ao Brasil para desfilar.
Lilian Pacce passa a comandar o programa televisivo GNT Fashion.
O fotógrafo Cristiano é indicado como um dos cinco melhores fotógrafos brasileiros no ABIT Fashion Awards.
Clô Orozco retorna ao Morumbi Fashion em sua oitava edição. A Huis Clos desfila no sábado, 29 de janeiro, e recebe elogios da crítica pela sofisticação das peças. A coleção, com diversos tons de bege, é pontuada com toques de verde e roxo.
2001 Décima edição do Morumbi Fashion Brasil, quando o evento passa a chamar-se São Paulo Fashion Week (SPFW).
Primeiro Amni Hot Spot na Casa Rhodia, em São Paulo, evento que incentiva novos talentos da moda.
É criado o Instituto Brasileiro de Moda (IBMODA), instituição voltada exclusivamente à área de negócios da moda.
Visando um público jovem, Clô lança a marca Maria Garcia, com a estilista Camila Cutolo à frente da equipe de estilo. O recurso de uma segunda marca é adotado por muitos estilistas do mundo. Com a criação de uma coleção mais comercial, as vendas aumentam, a primeira marca beneficia-se e mantém o *status* adquirido ao longo dos anos. Com um orçamento mais folgado, continua-se pagando a mão-de-obra mais cara, os tecidos sofisticados, o resultado de um trabalho apurado. Abre caminhos para a estilista renovar-se, ficando à vontade para trabalhar com outros materiais, outra visão. Para sua primeira marca isso não é possível, pois o estilo já foi criado ao longo dos anos.
2002 Inauguração da loja Huis Clos, no shopping Iguatemi, com projeto assinado pelo arquiteto Felippe Crescenti.

2003 É criada a Associação Brasileira de Estilistas (ABEST).
É realizada a primeira edição do festival Filme Fashion, idealizado por Alexandra Farah.
Primeira edição do Floripa Donna Fashion DC, em Santa Catarina. O evento reúne desfiles de marcas catarinenses e de grandes grifes brasileiras.
Sara Kawasaki, formada pela Santa Marcelina, entra para a equipe de estilo de Clô Orozco, após temporada no Japão onde estudou modelagem e *moulage*.
2004 Huis Clos volta ao calendário oficial da moda brasileira, o São Paulo Fashion Week, já em sua décima sexta edição. Em comemoração aos 25 anos da marca, é inaugurada a nova sede da Huis Clos e Maria Garcia. O prédio, construído em 1946, originalmente uma fábrica, fica em um terreno de 3.300 metros quadrados na Barra Funda, em São Paulo. O desfile de inverno 2004 da Huis Clos no SPFW é realizado na nova sede. Além da apresentação da marca, é montada uma exposição da Maria Garcia.
A loja da Huis Clos, na rua Oscar Freire, é reinaugurada. Arthur de Mattos Casas assina a repaginação. A loja da Maria Garcia, no andar de baixo, foi projetada por Maraí Valente e é inaugurada no mesmo dia.
Participa do SPFW com a coleção verão 2004/05. O desfile traz peças rigorosamente estudadas, tecidos leves e cartela de cores mais diversificada do que de costume, para apresentar coleção inspirada na África.
Com os estilistas Ricardo Almeida e Amir Slama, assina protocolo do governo do Estado de São Paulo para dar início ao processo de criação da Escola de Moda de São Paulo, no Bom Retiro. O projeto é uma iniciativa da ONG Núcleo de Ação Empresarial do projeto Bom Retiro.
Assina em conjunto com Beth Filipecki o figurino da personagem de Marília Gabriela na novela *Senhora do destino*, da TV Globo. A atriz exigiu no contrato que fosse vestida por Clô Orozco. Os *looks* da personagem geram grande interesse do público.
2005 No desfile de inverno 2005 no SPFW destacam-se o profissionalismo e a maturidade da marca, Huis Clos pela primeira vez conta com patrocínio (BB Seguro Vida Mulher - Banco do Brasil). A marca desfila em 2 de julho,

durante o SPFW. Ao longo da apresentação, são projetadas imagens em close das peças; a trilha sonora é constituída de poemas e ruídos de máquinas de costura, presentes no desfile elogiado pela crítica. A direção artística foi de Bia Lessa.

2006 Relançamento da edição brasileira da revista *L´Officiel*, da Duetto Editorial.

Na coleção de inverno 2006 apresentada no SPFW, pela primeira vez, usa sapatos de salto alto nos pés das modelos. Huis Clos até então tinha preferência por sapatos, sandálias de salto baixo e elegantes rasteiras. Nesse momento, Sara Kawasaki já tem quase que total autonomia na criação das coleções.

Após três anos sem promover uma grande liquidação, seguindo a tendência apontada por colegas da moda, Huis Clos faz propaganda no canal de vendas TV Shop Tour. O anúncio leva um grande público interessado em moda de alta qualidade à sede da marca, e o bazar é sucesso absoluto. A união desse meio de divulgação simples com marcas consideradas de luxo gera repercussão na mídia e mostra-se um sucesso. Sinal dos novos tempos: a moda torna-se cada vez mais acessível e democrática.

Com outras sete renomadas marcas brasileiras, Huis Clos participa do *showroom* no hotel Crillon, em Paris, promovido pela ABEST. A partir desse evento, começa a exportar para multimarcas na Grécia (Simple Caracter, Atenas) e Inglaterra (Browns, Londres).

Uma nova linha é lançada: a "Huis Clos," (Huis Clos vírgula) com roupas casuais.

No SPFW, "Huis Clos," desfila sua coleção verão 2006/07. Tecidos em tons de preto, cinza, branco e bege dialogam ora com estampas florais ou abstratas, ora com finos tecidos metalizados.

Em julho é inaugurada uma loja Huis Clos no Rio de Janeiro, com projeto de Felippe Crescenti no Fashion Mall.

2007 Ocorre no mês de junho a décima edição do Fashion Business, no Rio de Janeiro. Feira de negócios, que acontece paralela ao Fashion Rio, reúne

grandes marcas, pólos de moda e designers. Na edição seguinte, empresários brasileiros e de outros países movimentaram mais de 370 milhões de reais durante o evento.
No SPFW, Clô Orozco, sempre instigando elegantemente o público, inclui no *casting* do desfile não apenas jovens modelos, mas também quinze mulheres mais velhas para apresentar a coleção de inverno 2007, quebrando o estabelecido modelo contemporâneo de desfile, com jovens recém-saídas da puberdade na passarela. Outro destaque são os "bonés turbantes", misto do chapéu esportivo, boné, com longas tiras de tecido amarradas e finalizadas com nó.
Brasília ganha uma loja Huis Clos, localizada no ParkShopping.
Vinte e quatro estilistas transformam cobertores populares em roupas para leilão em festa beneficente. Entre os diversos tipos de cobertores à disposição dos estilistas, Clô escolhe o de cor azul e o transforma em uma elegante *pelerine*.
O verão 2007/08 vem com novo frescor na coleção desfilada no SPFW. São apresentadas peças mais esportivas, com estampas inspiradas no surfe. Em meio às peças de tons cinza e bege, há um destemido amarelo flúor que surge vez ou outra nos *looks*. Tudo isso vem emoldurado por chapéus, no formato de uma simples faixa, feitos de tecidos finos, que se tornam verdadeiros *must-have* entre as brasileiras.
Catorze dos mais influentes estilistas brasileiros, entre eles, Clô Orozco, criam roupas a partir de pele bovina para um evento beneficente na cidade de Barretos, interior de São Paulo.
Cria uma linha de móveis com sua assinatura para a conceituada loja de móveis e decoração Micasa, incorporando aos móveis a mesma qualidade dos tecidos da Huis Clos. Em 25 de outubro, Clô Orozco abre as portas da fábrica na Barra Funda para a festa de comemoração dos trinta anos da Huis Clos.
2008 No SPFW, Huis Clos apresenta-se, agora oficialmente, com Sara Kawasaki no comando do estilo da marca. A coleção de inverno 2008 buscou inspiração no trabalho de Sarah Moon. A marca mantém a perfeita modelagem e sofisticação.

Firma parceria com a ONG Arrastão. Trabalha com os delicados tecidos na feitura do *patchwork*, com que faz alguns dos mais bonitos vestidos da coleção de inverno 2008.

Inaugurado espaço dedicado aos vestidos de noiva na Huis Clos da rua Dr. Mário Ferraz. No mostruário, uma série de vestidos criados por Clô, ficam expostos para a cliente escolher e encomendar. Por não serem modelos exclusivos, nem feitos sob medida, Clô chama a linha de prêt-à-marrier.

Huis Clos, atualmente com três lojas em São Paulo, uma no Rio de Janeiro e outra em Brasília, está presente nos Estados Unidos, Inglaterra, Espanha, Líbano, Bélgica, Holanda, entre outros países; possui duas linhas, Clô Orozco, *habillé*, e Huis Clos, (Huis Clos vírgula) de *homewear*, além da segunda marca Maria Garcia, ao longo de seus trinta anos adquiriu *status* na moda brasileira que poucos alcançaram.

Com sua inigualável modelagem e estilo único, a marca está consolidada no Brasil. Com extensa lista de clientes cativos, e ganhando cada vez mais adeptos, a Huis Clos obteve crescimento de 35% em vendas no ano de 2007, quando comparado com 2006.

Clô Orozco, ao lado de sua equipe de estilo escolhida a dedo, 5 modelistas, 34 costureiras, e um total de 220 funcionários diretos, planeja fortalecer-se no mercado internacional.

CRÉDITO DAS IMAGENS

FOTÓGRAFOS ©Agência Fotosite pp. 16-9, 49, 53, 55, 57, 59, 61, 62, 63a, 67, 69, 76b, 77a, 79, 81, 91, 93-5, 97, 99, 101, 103, 105, 108-9, 115, 117, 121-6, 127b, 131, 133, 135, 137; Arquivo pessoal pp. 140, 145, 148; Charles Naseh pp. 51, 73, 76a, 83, 91, 120, 156; Claudio Elisabetsky pp. 68, 80; Corbis Latinstock pp. 26, 30; Cristiano p. 54, 70; Daniel Kfouri pp. 110-1, 136; Debby Gram pp. 46-7, 100, 102, 106, 132; Fernando Louza pp. 24, 63b, 74, 116, 118-9; Gui Paganini pp.50, 58, 60, 72, 82, 90, 98, 104; Henrique Gendre pp.64-5, 86-7; Jacques Dequeker pp. 56, 88, 92, 128-9; Jaques Faing pp. 75, 107, 138-9; João Delbucio pp. 39, 52; Marcia Fasoli pp. 71, 63, 77b, 113-4, 127a; Marcio Madeira pp. 20, 89; Nino Andrés pp. 1-6, 11-5, 48, 66, 96, 112, 130; Rafael Assef p. 78; Ronaldo Aguiar p. 36;

MODELOS Adriana Caye pp. 46-7, 100, 102, 118, 131-2; Alexia Araujo p. 80; Andressa Fontana p. 51; Bárbara Berger p. 73; Bruna Erhardt p. 109; Bruna Freire p. 77a; Camila Mingori p. 116; Caroline Trentini p. 113; Cintia Dicker pp. 108a, 114; Clô Orozco pp. 140, 145, 148, 156; Cris Jurach p. 55; Drielly Oliveira pp. 81, 83, 85; Eliana Weirich p. 123; Fabiana Saba p. 54; Ives Kolling pp. 50, 72, 82; Jéssica Pauletto p. 126b; Julia Robazzi p. 63b; Juliana Arroyo p. 125; Juliana Martins p. 70; Karin Adam pp. 64-5, 86-7; Letícia Altenbernd p. 61; Letícia Birkheuer p. 59; Luiza Windberg p. 135; Manoela Ew p. 62b; Marina Dreux p. 68; Michelli Provensi pp. 103, 133; Monique Olsen p. 97; Nathalia Sallen p. 54; Paula Blank p. 69; Renata Klein pp. 53, 63a; Sheila Baum p. 124; Sheila Klein p. 77b; Silene Zepter p. 104; Tamara Wiggers p. 74; Thalyta Pugliese p. 107; Valentina p. 76a; Vanessa Cruz p. 120; Viviane Orth pp. 79, 89, 126a;

AGRADECIMENTOS 40 graus, Agência Fotosite, Albino Papa, Augusto Mariotti, Blue Models, Charles Naseh, Dora Levy, Ego, Elite Models, Esquimó, FAAP, Ford Models, L'Equipe Agence, Luciana Siqueira, Lumière, Marcos Costa, biblioteca do MASP, Mega Models, Nino Andrés, Paulo Weisberg, Ricardo Mendes, Roberta Marzolla, Ten Models, Viva Models, Wagner Fernandes, Way Models.

IMAGEM DA CAPA Nino Andrés, 2008

COLEÇÃO MODA BRASILEIRA

organização JOÃO RODOLFO QUEIROZ, REINALDO BOTELHO;
coordenação editorial MARIANA LANARI; editor assistente CAUÊ VM;
preparação TEREZA GOUVEIA; revisão CAMILA SARAIVA
projeto gráfico da coleção ELAINE RAMOS;
projeto gráfico deste volume FLÁVIA CASTANHEIRA;
produção gráfica LETÍCIA MENDES

Dados Internacionais de Catalogação na Publicação (CIP)
(Câmara Brasileira do Livro, SP, Brasil)

Clô Orozco
São Paulo: Cosac Naify, 2008
160 pp., 115 ilust.

coleção Moda Brasileira ISBN 978-85-7503-669-3
ISBN 978-85-7503-612-9

1. Estilistas de moda — Brasil 2. Moda — Brasil
3. Orozco, Clô I. Série.
08-02364 CDD 746.92092

Índices para catálogo sistemático:
1. Estilistas brasileiras de moda: Artes 746.92092
1. Moda: Estilistas brasileiras: Artes 746.92092

COSAC NAIFY
Rua General Jardim, 770, 2º andar
01223-010 São Paulo SP
Tel [55 11] 3218 1444 | Fax [55 11] 3257 8164
www.cosacnaify.com.br

Atendimento ao professor [55 11] 3218 1473

PATROCÍNIO

coleção MODA BRASILEIRA

Os dez títulos desta coleção contemplam nomes já consagrados que contribuíram individualmente para a consolidação da moda no país.

Cada volume reúne prefácio, ensaio crítico, cronologia e uma farta documentação fotográfica que pretende oferecer a estudantes, profissionais da área e interessados em geral, uma visão panorâmica do universo do estilista.

Ainda que em caráter introdutório, a coleção fornece, em seu conjunto, uma perspectiva histórica da moda brasileira a partir dos anos 1950, registrando de forma breve e pontual os principais fotógrafos, modelos, cursos, entidades e eventos da área nas últimas décadas.

1 Alexandre Herchcovitch
2 Gloria Coelho
3 Lino Villaventura
4 Ronaldo Fraga
5 Walter Rodrigues
6 André Lima
7 Clô Orozco
8 Lenny Niemeyer
9 Marcelo Sommer
10 Reinaldo Lourenço

fonte WHITNEY papel COUCHÉ FOSCO tiragem 5.000
pré-impressão ATRATIVA impressão KOMORI 8 CORES REVERSÍVEL,
200 LINHAS/PL² — GEOGRÁFICA